Mathefreunde 2

Erarbeitet von
Jana Elsner
Ursula Kluge
Nancy Kunkis
Grit Kurtzmann
Jana Richter
Birgit Schlabitz
Carmen Sobek

Cornelsen

INHALT

Wiederholung

Addieren und Subtrahieren bis 10 4
Addieren und Subtrahieren bis 20 5
Addieren und Subtrahieren
mit Zehnerübergang 6

Die Zahlen bis 100

Die Zehnerzahlen bis 100 8
Addieren und Subtrahieren
mit Zehnerzahlen 10
Alle Zahlen bis 100 12
Die Hundertertafel 14
Der Zahlenstrahl 16

Bist du fit? 18
Im Theater: Die Zahlen bis 100 19

Längen

Meter 20
Zentimeter 21
Meter und Zentimeter 22
Millimeter 23

Geraden und Strecken

Strecken messen und zeichnen 24
Geraden, die einander schneiden 25
Parallel zueinander 26
Senkrecht zueinander 27
Zeichnen 28
Der Strahl 29

Bist du fit? 30
Längen in deiner Umwelt 31

Addieren und Subtrahieren von einstelligen und zweistelligen Zahlen

Addieren ohne Zehnerübergang 32
Subtrahieren ohne Zehnerübergang 33
Ergänzen zum nächsten Zehner 34
Addieren mit Zehnerübergang 35
Subtrahieren von Zehnerzahlen 36
Subtrahieren mit Zehnerübergang 37
Addieren und Subtrahieren 38
Sachaufgaben – Fragen beantworten 40

Geld

Rechnen mit Geld 42
Geldbeträge in zwei Einheiten 44
Geldbeträge in Kommaschreibweise 45

Ebene Figuren

Dreiecke und Vierecke 46
Rechtecke und Quadrate 48
Ebene Figuren am Geobrett 50
Kreise 51
Muster 53

Bist du fit? 54
Mit ebenen Figuren gestalten 55

Multiplizieren und Dividieren

Multiplizieren 56
Multiplizieren im Punktefeld 58
Tauschaufgaben 59
Verdoppeln 60
Multiplizieren mit 2 61
Multiplizieren mit 5 62
Multiplizieren mit 10 63
Dividieren 64
Umkehraufgaben 66
Aufgabenfamilien 67
Halbieren 68
Dividieren durch 2 69
Dividieren durch 5 70
Dividieren durch 10 71
Multiplizieren und Dividieren 72
Kernaufgaben 73
Multiplizieren und Dividieren
mit 1 und 0 74
Gerade und ungerade Zahlen 75

Bist du fit? 76
1 · 1 – Rennen 77

Körper

Würfel, Quader, Kugel 78
Würfelbauten 80
Lagebeziehungen 82

Addieren und Subtrahieren ohne Zehnerübergang

Addieren – Zweistellige Zahlen
und Zehnerzahlen 84
Subtrahieren – Zehnerzahlen von
zweistelligen Zahlen.................................. 85
Addieren ohne Zehnerübergang................ 86
Subtrahieren ohne Zehnerübergang.......... 87
Addieren und Subtrahieren
ohne Zehnerübergang 88
Sachaufgaben – Skizzen 90

Bist du fit? 92
Rechenspiele 93

Symmetrie

Symmetrische Figuren................................ 94

Addieren und Subtrahieren mit Zehnerübergang

Addieren mit Zehnerübergang................... 96
Subtrahieren mit Zehnerübergang 98
Addieren und Subtrahieren
mit Zehnerübergang 100

Bist du fit? 104
Freunde-Spiel 105

Zeit

Uhrzeit 106
Zeitpunkt und Zeitdauer 108
Zeitangaben in Sachaufgaben 109

Multiplizieren und Dividieren

Multiplizieren mit 4 110
Dividieren durch 4 111
Multiplizieren mit 8 112
Dividieren durch 8 113
Multiplizieren und Dividieren 114
Multiplizieren mit 3 116
Dividieren durch 3 117
Multiplizieren mit 6 118
Dividieren durch 6 119
Multiplizieren mit 9 120
Dividieren durch 9 121
Multiplizieren mit 7 122
Dividieren durch 7 123
Multiplizieren und Dividieren 124

Bist du fit? 126
1 · 1 – schnell gemerkt............................ 127

Zeit

Der Kalender 128

Daten und Wahrscheinlichkeit

Wahrscheinlichkeit................................... 130
Sammeln und Lesen von Daten............... 132

Bist du fit? 134
Was ist wahrscheinlicher?........................ 135

Projektseiten

Magische Quadrate,
Treppen und Zauberdreiecke 136
Mathematik und Kunst 138
Mathematik zum Knobeln 140

Merkwissen 142

WIEDERHOLUNG

Addieren und Subtrahieren bis 10

1

5 + 4 = ☐

7 − 5 = ☐

ERINNERE DICH

Summand	Summand	Summe	Minuend	Subtrahend	Differenz
5	+ 3	= 8	8	− 3	= 5

Summe — Differenz

2 Berechne die Summe.

a) 8 + 2 b) 2 + 0
   2 + 5   5 + 4
   3 + 6   6 + 3
   1 + 7   4 + 4

3 Berechne den Summanden.

a) 7 + ☐ = 10   b) ☐ + 4 = 6
   6 + ☐ = 10   ☐ + 5 = 8
   4 + ☐ = 10   ☐ + 4 = 7
   2 + ☐ = 10   ☐ + 5 = 9

4 Berechne die Differenz.

a) 10 − 2   b) 7 − 4
   10 − 5   8 − 6
   10 − 3   9 − 5
   10 − 6   6 − 6

5 Berechne den Subtrahenden.

a) 9 − ☐ = 3   b) 9 − ☐ = 7
   7 − ☐ = 1   7 − ☐ = 2
   9 − ☐ = 6   8 − ☐ = 3
   10 − ☐ = 5   6 − ☐ = 2

6

Berechne die Differenz aus 10 und 8. — Amir

Die Summanden sind 3 und 7. Berechne die Summe. — Ben

WIEDERHOLUNG

Addieren und Subtrahieren bis 20

1 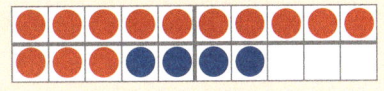  „Die kleine Aufgabe hilft."

13 + 4 = ☐   18 − 2 = ☐
weil 3 + 4 = 7   weil 8 − 2 = 6

2 a) 11 + 6   b) 12 + 4
    13 + 3   16 + 3
    14 + 4   11 + 5
    15 + 2   13 + 7

3 a) 15 − 3   b) 17 − 3
    19 − 5   13 − 2
    17 − 4   16 − 5
    18 − 3   20 − 4

4 a) 4 + 14   b) 15 + 2   „Die Tauschaufgabe kann dir helfen."   c) 14 + ☐ = 18
    5 + 12   6 + 13   12 + ☐ = 17
    6 + 14   4 + 12   15 + ☐ = 19
    2 + 15   11 + 8   11 + ☐ = 16

4 4 5 5 16 17 17 17 18 19 19 20

5 „Ich kontrolliere mit der Umkehraufgabe."   a) 16 − 4   b) 20 − 3   c) 17 − ☐ = 13
    18 − 4   20 − 5   14 − ☐ = 11
    15 − 5   20 − 7   19 − ☐ = 14
    19 − 3   20 − 4   16 − ☐ = 12

3 4 4 5 10 12 13 14 15 16 16 17

6 a) ☐ / 16, 3 / ☐, 2, ☐   b) 20 / 8, ☐ / ☐, 2, ☐   c) 18 / ☐, 5 / ☐, 3, ☐

---

1 bis 3: Kleine Aufgabe als Lösungshilfe anwenden 4: Begriff „Tauschaufgabe" wiederholen und Tauschaufgaben zum Lösen nutzen 5: Zusammenhang zwischen Addition und Subtraktion wiederholen und zur Kontrolle anwenden 6: KV 2 (HRU) nutzen

AH S. 2
ÜH S. 2

WIEDERHOLUNG

Addieren und Subtrahieren mit Zehnerübergang

1

"Immer zuerst bis zur 10. Ich zerlege die 2. Zahl."

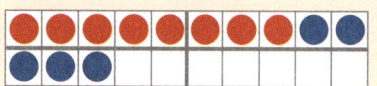 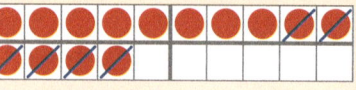

8 + 5 = ☐
8 + 2 = 10
10 + 3 = ☐

14 − 6 = ☐
14 − 4 = 10
10 − 2 = ☐

2
a) 7 + 6
4 + 8
8 + 7
9 + 6

b) 6 + 8
8 + 8
5 + 6
4 + 7

c) 12 − 6
11 − 5
14 − 7
13 − 4

d) 17 − 9
15 − 7
12 − 8
16 − 9

4 6 6 7 7 8 8
9 11 11 12 13
14 15 15 16

3
a) 6 —+5→ ☐
7 —+4→ ☐

b) 8 —+6→ ☐
5 —+8→ ☐

c) 15 —−6→ ☐
14 —−8→ ☐

d) 13 —−6→ ☐
16 —−9→ ☐

4 a) 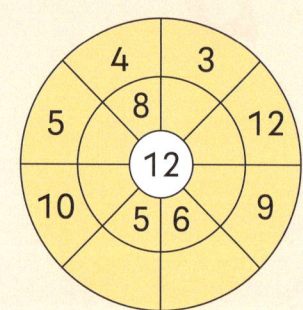   b)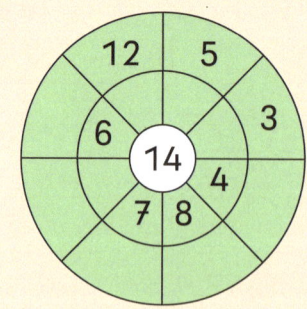

5 Setze das richtige Zeichen ein: <, >, =.

a) 14 + 4 ○ 18
17 − 3 ○ 15
12 + 5 ○ 16
19 − 3 ○ 17

b) 4 + 7 ○ 11
11 − 4 ○ 6
6 + 8 ○ 15
20 − 6 ○ 15

c) 8 + 4 ○ 7 + 6
12 − 5 ○ 11 − 7
7 + 6 ○ 9 + 5
14 − 6 ○ 13 − 6

6

die Zahl	2	5	7	9	10
das Doppelte					

die Zahl	2	8	10	14	16
die Hälfte					

7 Richtig oder falsch? Berichtige die Fehler im Heft.

a) 7 + 5 = 13
8 + 4 = 11
9 + 5 = 15
6 + 8 = 14

b) 13 − 5 = 7
17 − 8 = 9
15 − 8 = 8
12 − 5 = 9

c) 8 + 5 = 12
14 − 7 = 8
6 + 6 = 12
15 − 7 = 7

8 Bilde Aufgabenfamilien.

a) 7 6 13
c) 6 ○ 15
e) ○ ○ 14

b) 8 7 15
d) ○ 8 17
f) ○ 20 ○

S. 7 / 8

a) 7 , 6 , 13
7 + 6 =
6 + 7 =
13 − 6 =
13 − 7 =

9

a)
+	4	6	8
5			
7			

b)
−	2	5	7
16			
12			

c)
−	3		8
15		9	
			5

10

a) 14
11 +
8 +
  + 7
  + 9

b) 15
8 +
  + 9
4 +
  +

c) 8
11 −
14 −
  − 8
  − 9

d) 7
13 −
16 −
  − 5
  −

Die Zehnerzahlen bis 100

1 Welche Zahlen kannst du entdecken?

2 Zeigt die Zehnerzahlen und rechnet bis 100.

10
10 + 10
20 + 10
30 + 10
40 +

S. 8 / 2

10 + 10 = 20

Wie geht es weiter?

3 Wie viele sind es?

a) b) c) d)

4 Legt mit Zehnerstreifen.

| 10 | 30 | 50 | 60 | 80 | 100 |

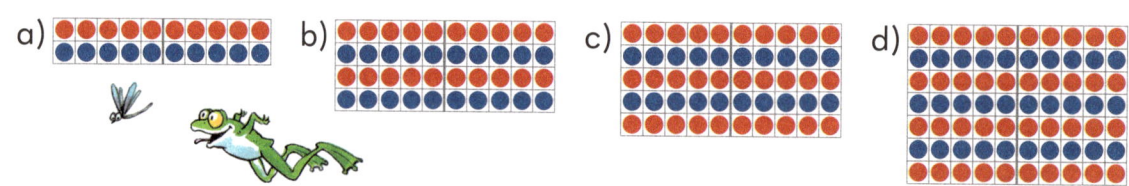

5 Wie geht es weiter?

6 Schreibe alle Zehnerzahlen auf,
   a) die zwischen 20 und 60 liegen.
   b) die zwischen 40 und 80 liegen.
   c) die zwischen 0 und 40 liegen.

S. 9 / 6

a) 3 0 ,

7

Ben — 3 < 5   Lisa — 30 < 50

a) 3 5	b) 8 4	c) 7 9	d) 6 1
30 50	80 40	70 90	60 10

8 Vergleiche: <, >, =.

a) 50 20	b) 10 30	c) 70 100	d) 60 60
0 10	90 60	50 30	10 100
40 80	50 50	80 60	30 20
30 40	70 80	20 20	70 70

9 Ordne die Zehnerzahlen.

a) Beginne mit der größten Zahl.
   80 90 20
   50 60 30

b) Beginne mit der kleinsten Zahl.
   10 70 30
   40 100 80

Addieren und Subtrahieren mit Zehnerzahlen

1 Erkläre, wie du rechnen kannst.

Mila: 3 + 2 ist die kleine Aufgabe.
Amir: Hier ist 5 − 2 die kleine Aufgabe.

Addieren
30 + 20 =
weil   3 + 2 =

Subtrahieren
50 − 20 =
weil   5 − 2 =

2 a) Addiere. Rechne zuerst die kleine Aufgabe.

30 + 40   60 + 20   50 + 40   10 + 70
 3 + 4   6 +   5 +   +

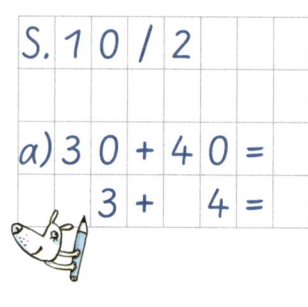

S. 10 / 2

a) 3 0 + 4 0 =
     3 +   4 =

b) Subtrahiere. Rechne zuerst die kleine Aufgabe.

70 − 60   50 − 20   40 − 30   100 − 60
 7 − 6   5 −   4 −   −

3 a) 70 + 10   b) 70 − 40   c) 100 − 30   d) 30 + 60
       20 + 80   20 − 20   50 − 30   20 − 10
       90 + 10   60 − 10   30 + 50   40 + 50
       70 + 30   80 − 20   20 + 70   90 − 90

0 0 10 20 30 50 60 70 80 80 90 90 90 100 100 100

4 Max und Lisa sammeln Karten.
Lisa hat 30 Karten und Max hat 40 Karten.

a) Wie viele Karten haben sie zusammen?
b) Max schenkt Lisa 10 Karten. Wie viele Karten hat Lisa nun?

5 Bilde Aufgabenfamilien.

a) 30 50 80   b) 50 40 90   c) 20 70 90

d) 70 20   e) 20 60   f)   50 100

6 Rechne Aufgabe und Umkehraufgabe.

a) □ − 40 = 20   b) □ − 50 = 40   c) □ − 80 = 0   d) □ − 40 = 60
   20 + 40 =   □ + □ =   □ + □ =   □ + □ =

7
50 + □ = 100
40 + □ = 100
30 + □ = 100
80 + □ = 100
10 + □ = 100

20 50 60 70 90

8
a) 100 − 50   b) 80 − □ = 50
   100 − 80   30 − □ = 10
   100 − 30   90 − □ = 60
   100 − 20   50 − □ = 10
   100 − 10   100 − □ = 10

20 20 30 30 40 50 70 80 90 90

9 In der Klasse 2a lernen 20 Kinder.
Jedes Kind nimmt einen Kaugummi aus der Dose.
Wie viele Kaugummis sind noch in der Dose?

10 Setze das richtige Zeichen ein: <, >, =.

a) 50 + 20 □ 80   b) 90 − 50 □ 30   c) 50 + 40 □ 60 + 20
   60 + 40 □ 100   70 − 30 □ 40   40 − 30 □ 90 − 80
   20 + 20 □ 80   70 − 70 □ 0   70 + 10 □ 90 − 20
   70 + 20 □ 90   100 − 30 □ 60   20 + 40 □ 60 − 0

11 Milas Mutter feiert Geburtstag. Sie wird 30 Jahre alt.
Ihre Oma ist doppelt so alt. Wie alt ist Milas Oma?

6: Platzhalteraufgaben mithilfe von Umkehraufgaben lösen
7: Ergänzung zur 100 mithilfe der „verliebten Zahlen"

Alle Zahlen bis 100

1

2 Lege nach. Wie viele Zehner und Einer sind es?

a) 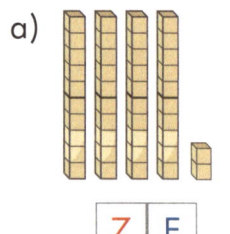 b) 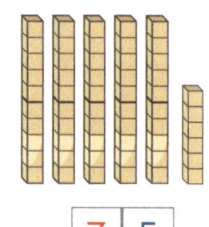 c) 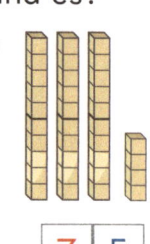 d)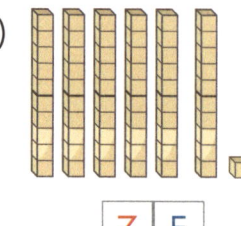

40 + ☐ = ☐   ☐ + ☐ = ☐   ☐ + ☐ = ☐   ☐ + ☐ = ☐

3 Lege und rechne.

a) 6 Z 2 E   b) 8 Z 9 E   c) 7 Z 2 E   d) 9 Z 9 E
   4 Z 3 E   5 Z 4 E   5 Z 8 E   6 Z 4 E
   6 Z 9 E   2 Z 9 E   8 Z 2 E   7 Z 9 E

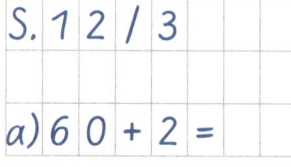

S. 12 / 3
a) 6 0 + 2 =

4 Schreibe als Additionsaufgabe.

a)  b) c) d)

S. 12 / 4
a) 4 0 + 3 =

5 Male Zahlbilder. Schreibe die Zahlen.

a) 3Z 7E b) 2Z 3E c) 5Z 2E d) 9Z 5E
   5Z 4E   4Z 7E   3Z 2E   7Z 9E

```
S. 13 / 5
a) ||| :  3 7
```

6 Male Zahlbilder.

a) 26   b) 81   c) 54   d) 65   e) 34   f) 44

7 a) 30 + 7   b) 90 + 8   c) 20 + ☐ = 23   d) 60 + ☐ = 68
     50 + 3   10 + 4   70 + ☐ = 74   20 + ☐ = 26
     80 + 4   60 + 5   40 + ☐ = 43   90 + ☐ = 95
     40 + 6   50 + 6   50 + ☐ = 57   30 + ☐ = 39

8 Schreibe als Additionsaufgabe.

a) 82   b) 45   c) 23   d) 72
   56   31   69   29
   48   76   51   84
   94   38   87   67

```
S. 13 / 8
a) 8 0 + 2 =
```

9 Nenne eine Zahl.
Ein anderes Kind zeichnet und
schreibt die Zahl. Vergleicht.

10 a)

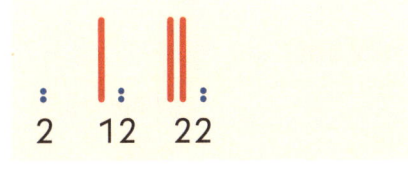

Wie geht es weiter?

b) 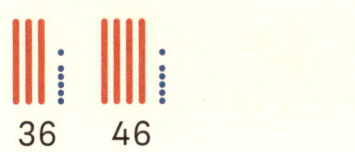   c)

9: Differenzierung: Zahlenkarten nutzen
10: Muster erkennen und weiterführen; Differenzierung: Regel beschreiben

Die Hundertertafel

1

Max: In jeder **Spalte** sind 10 Zahlen.

Mila: In jeder **Zeile** sind 10 Zahlen.

1	2	3	4	5	6	7	8	9	10
11	12	13	14	15	16	17	18	19	20
21	22	23	24	25	26	27	28	29	30
31	32	33	34	35	36	37	38	39	40
41	42	43	44	45	46	47	48	49	50
51	52	53	54	55	56	57	58	59	60
61	62	63	64	65	66	67	68	69	70
71	72	73	74	75	76	77	78	79	80
81	82	83	84	85	86	87	88	89	90
91	92	93	94	95	96	97	98	99	100

2 Zeigt an der Hundertertafel.

| 57 | 32 | 70 | 94 | 68 | 12 | 85 |

nebeneinander

untereinander

3 a) Zeige die Zahl 18. Welche Zahlen stehen darunter?
b) Zeige die Zahl 92. Welche Zahlen stehen darüber?
c) Zeige die Zahl 41. Welche Zahlen stehen daneben?

Was verändert sich?

4 Finde und schreibe alle Zahlen
a) mit 5 Einern.
b) mit 7 Zehnern.
c) mit 0 Einern.
d) mit gleichen Zehnern und Einern.

S. 14 / 4

a) 5 , 15 ,

5 Zeige an der Hundertertafel. Wie heißt die Zahl?

Lisa: Ich starte bei der 53 und gehe 3 Felder nach rechts.

Ben: Ich beginne bei der 27 und gehe 5 Felder nach links.

Anna: Ich bin auf der 35 und gehe 3 Felder nach unten.

6 Wie heißen die verdeckten Zahlen?

S. 15 / 6

🟥	1	3
🟨		
		,

7 Wie heißen die verdeckten Zahlen?

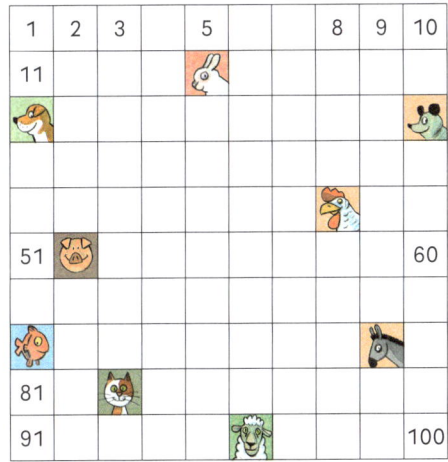

8 Decke eine Zahl ab, ein anderes Kind nennt die Zahl.

9 Welche Zahlen fehlen?

a)
	86
95	

b)
23	
	34

c)
	50
59	

d)
	59
68	

e)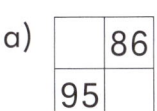

f)

g)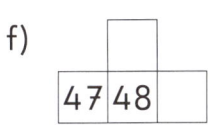

h)
25		27
	45	

Der Zahlenstrahl

1 Wie heißen die Zahlen?

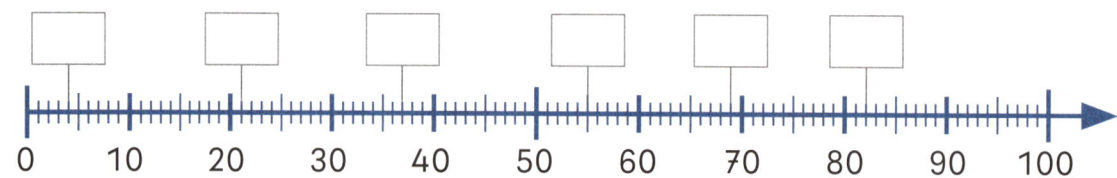

2 Zeigt die Zahlen am Zahlenstrahl. Zählt weiter.

| 6 | 28 | 32 | 35 | 39 | 43 | 57 | 65 | 74 | 81 | 99 |

25 ist der Vorgänger von 26.   27 ist der Nachfolger von 26.

3 a)

V	Z	N
	14	
	54	
	69	
	80	

b)

V	Z	N
69		
98		
		37
		40

4 Wie heißen die Nachbarzehner (NZ)? Zeigt am Zahlenstrahl.

Mila: 24 liegt zwischen 20 und 30. Das sind Nachbarzehner.

Max: 57 liegt zwischen 50 und 60.

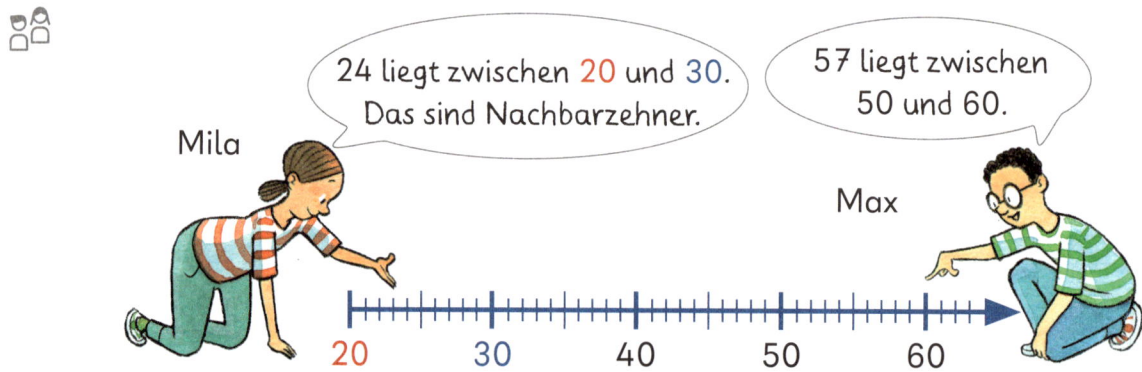

a)

NZ	Z	NZ
20	24	
	57	
	49	
	34	

b)

NZ	Z	NZ
	65	
	13	
	97	
	71	

c)

NZ	Z	NZ
	26	
	88	
	49	
	84	

5 Vergleiche: <, >, =.

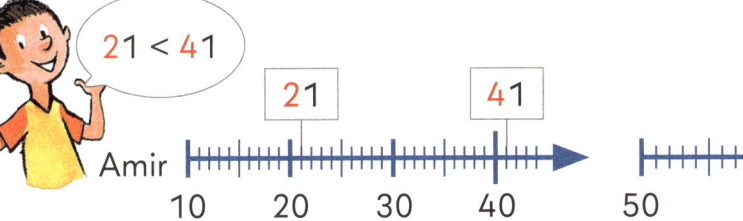
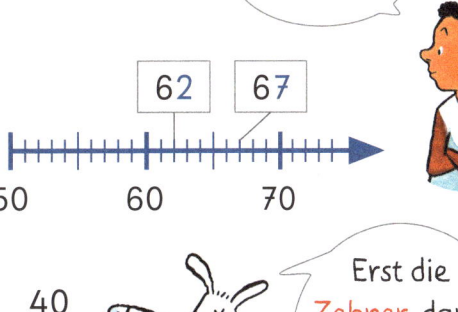

a) 21 __ 61   b) 66 __ 44   c) 37 __ 40
   76 __ 59   58 __ 85   50 __ 48
   82 __ 28   63 __ 62   99 __ 11
   55 __ 77   53 __ 53   48 __ 81

6 Finde passende Zahlen.

a) 55 > __   b) 21 < __   c) 82 > __   d) 36 > __
   55 > __   21 < __   82 > __   36 > __
   55 > __   21 < __   82 < __   36 < __
   55 > __   21 < __   82 < __   36 < __

S. 17 / 6

a) 5 5 > 5 4
   5 5 > _ _

7 Ordne die Zahlen.

a) Beginne mit der kleinsten Zahl.

23   48   17   58   24   27
32   71   99   59   96   61

b) Beginne mit der größten Zahl.

100   22   67   74   0   16
54   78   76   48   84   61

8 a) Finde die Nachbarzehner der Zahlen 83, 24 und 56.
b) Ordne alle Zahlen der Größe nach.
Beginne mit der größten Zahl.

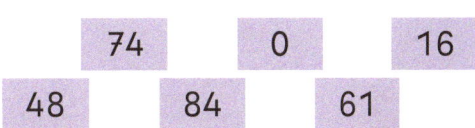

NZ	Z	NZ
	83	

5: Strategie „zuerst die Zehner, dann die Einer vergleichen" anwenden, bei Bedarf Zahlen mithilfe des Zahlenstrahls vergleichen

BIST DU FIT?

1 a) Ordne. Beginne mit der kleinsten Zahl.

b) Ordne. Beginne mit der größten Zahl.

2 a)  b)  c)

3 Wie heißen die Zahlen?

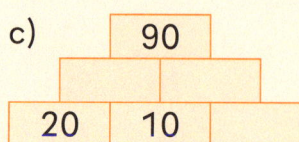

4 Wie heißen die verdeckten Zahlen?

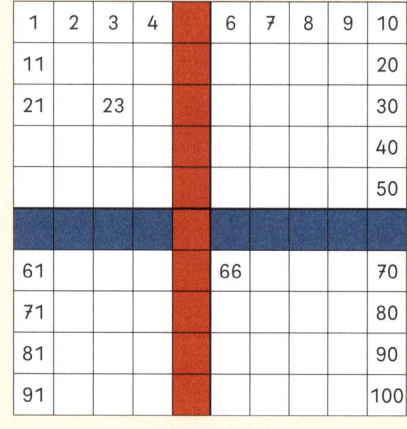 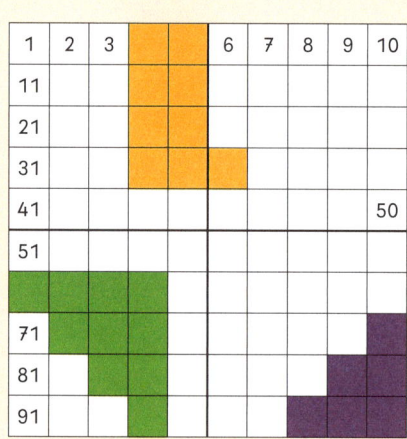

5 Vergleiche: <, >, =.

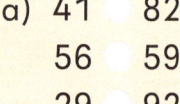

a) 41 ○ 82   b) 95 ○ 74   c) 50 + 30 ○ 70
   56 ○ 59   69 ○ 96   80 + 20 ○ 60
   29 ○ 92   64 ○ 68   90 − 60 ○ 30
   88 ○ 77   47 ○ 72   70 − 70 ○ 10

FREUNDESEITE

Im Theater: Die Zahlen bis 100

1 Auf welchen Plätzen sitzen die Kinder? Lege mit Plättchen.

a)

b) 30 + 3   60 + 7   40 + 3   80 + 2   50 + 3

2

Lisa: Mein Platz hat 5 Zehner und 2 Einer.

Ben: Mein Platz ist der Nachfolger von 62.

Max: Ich sitze zwischen Platz 91 und 93.

Anna: Mein Platz ist der Vorgänger von 98.

3 Mila, Leo und Amir sitzen nebeneinander.
Alle Plätze haben 6 Zehner.
Leo sitzt in der Mitte.
Amir sitzt links von Leo.
Milas Platz hat genau so viele Einer wie Zehner.

Alle gelegten Plättchen ergeben ein Bild.

Für jeden Sitzplatz der Kinder ein Plättchen auf den Sitzplan legen, nach Lösung aller Aufgaben entsteht durch das Belegen der Plättchen ein Bild

Meter

1 Erzähle.

> Du sprichst: ein Meter.
> Du schreibst: 1 m.

2 a) Wie viele Armspannen, Schritte, Fußlängen 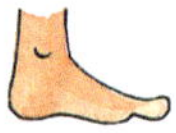 und Fingerspannen  brauchst du für einen Meter?
b) Vergleicht eure Ergebnisse in der Klasse.

3 Finde Gegenstände im Klassenraum, die 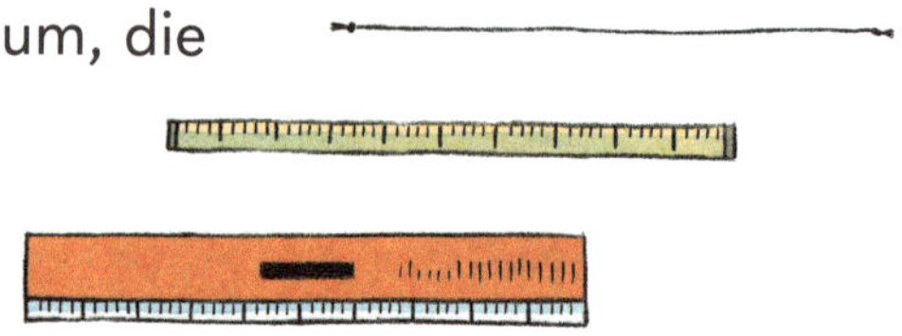
— genau einen Meter lang sind,
— länger als einen Meter sind,
— kürzer als einen Meter sind.
Trage deine Ergebnisse in eine Tabelle ein.

Gestaltet Plakate.

kürzer als 1 m	genau 1 m	länger als 1 m
	Breite der Tür	Höhe der Tür

1: Situation besprechen und Meter einführen; thematisieren, dass die Begriffe „Höhe" und „Breite" zu Längen gehören   2: Abmessen von 1 m mit Körpermaßen, Notwendigkeit standardisierter Maßeinheiten thematisieren   3: Schätzen und Messen mit Metermaß

AH S. 11

Zentimeter

Du sprichst: 1 Zentimeter.
Du schreibst: 1 cm.

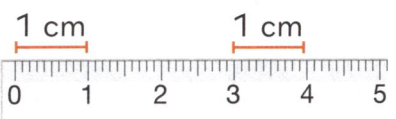 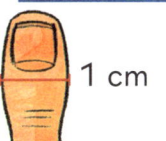

ERINNERE DICH

1 Meter oder Zentimeter?
  a) Länge deines Bleistiftes
  b) Höhe der Schule
  c) Breite deiner Federtasche
  d) Länge des Schulhofes
  e) Länge des Sportplatzes
  f) Höhe deiner Schulbank

2 Kann das stimmen?

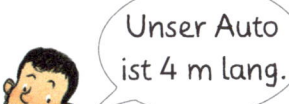 Amir: Unser Auto ist 4 m lang.

 Mila: Die Schule ist 15 cm hoch.

 Ben: Mein Lehrer ist 4 m groß.

 Anna: Meine Haare sind 30 cm lang.

 Max: Mein Handy ist 8 cm breit.

 Lisa: Unser Hund ist 1 cm lang.

3 Wie groß sind die Dinge in Wirklichkeit? Ordne zu.

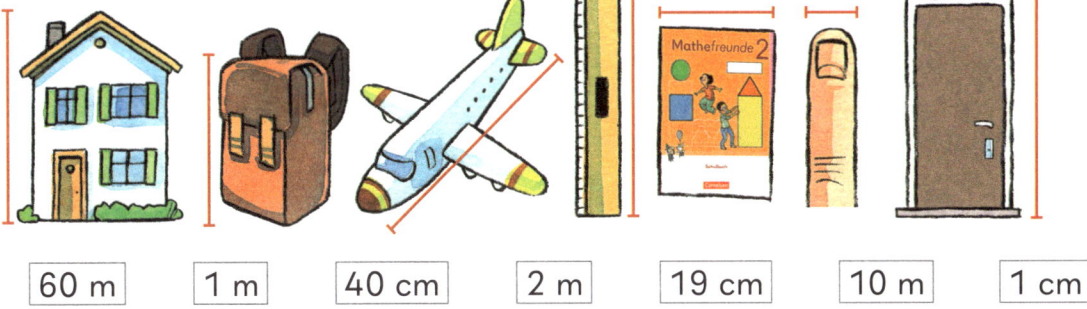

| 60 m | 1 m | 40 cm | 2 m | 19 cm | 10 m | 1 cm |

4 Reichen Angaben in Meter oder Zentimeter aus? Begründe.

Meter und Zentimeter

1 Wie heißen die Messinstrumente?

1 m sind 100 cm.

2 Erzähle.

Die Bank ist 1 m ... ... und 50 cm lang.

3 Miss mit geeigneten Messinstrumenten. Trage die Ergebnisse in eine Tabelle ein.

Der Tisch ist 1 m und 20 cm lang.

	Länge	Breite
Tisch	1 m 20 cm	
Regal		
Heizung		

MERKE DIR

Ein Meter sind 100 Zentimeter.
1 m = 100 cm

4 Ergänze zu einem Meter.

40 cm   50 cm   10 cm
20 cm   70 cm   100 cm

S. 22 / 4

40 cm + 60 cm = 100 cm

Millimeter

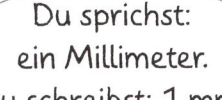

1

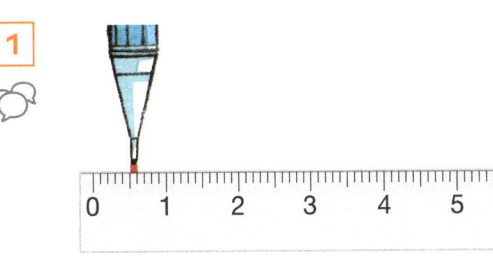

1 mm

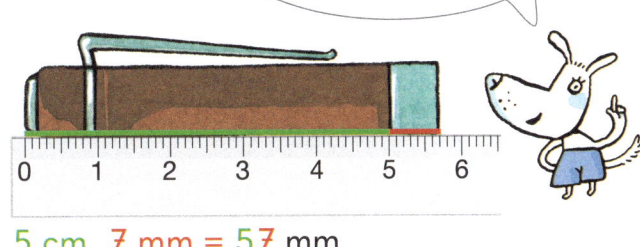

5 cm 7 mm = 57 mm

Du sprichst: ein Millimeter.
Du schreibst: 1 mm.

MERKE DIR

Ein Zentimeter sind 10 Millimeter.
1 cm = 10 mm

2 Finde Dinge, die etwa 1 mm, 5 mm, 10 mm und 50 mm lang sind.

3 Miss. Gib die Längen in **cm und mm** und nur in **mm** an.

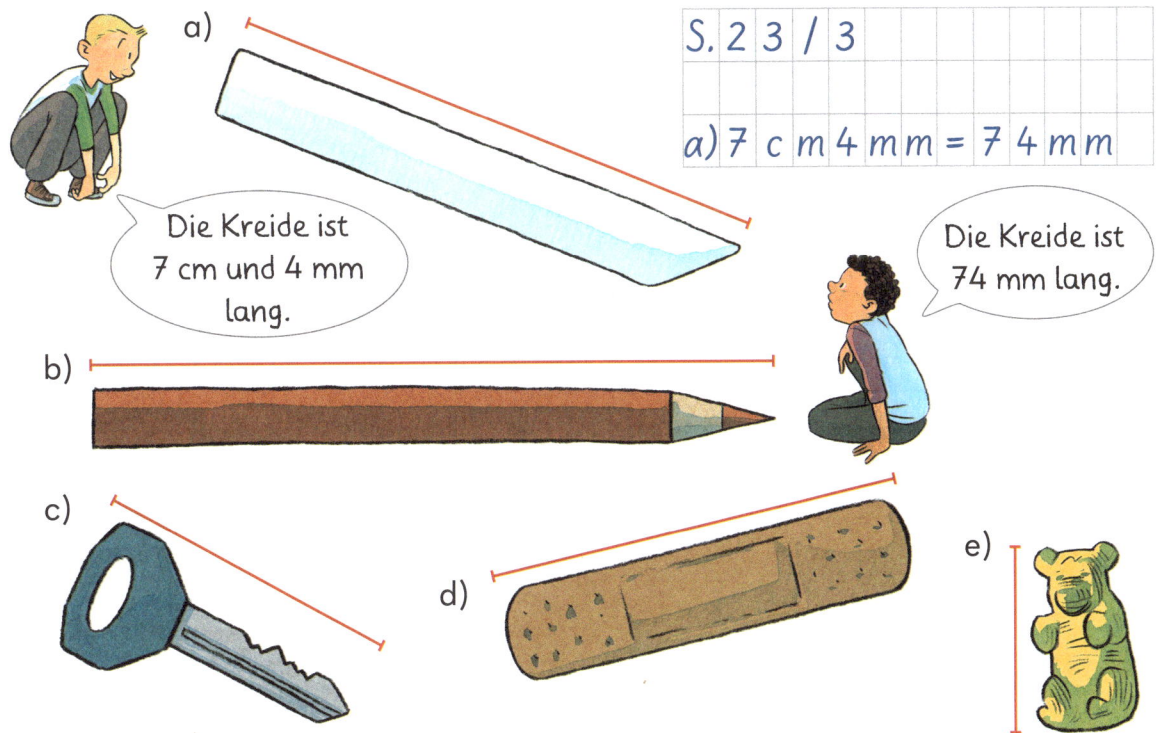

S. 23 / 3

a) 7 cm 4 mm = 74 mm

Die Kreide ist 7 cm und 4 mm lang.

Die Kreide ist 74 mm lang.

4 Miss Gegenstände in deinem Klassenraum. Gib die Länge an.

1: Bild beschreiben und Messvorgang gemeinsam durchführen; Millimeter einführen
2: Plakate oder Ausstellung zu den verschiedenen Längen anfertigen
3 und 4: Längen in unterschiedlichen Schreibweisen angeben

AH S. 13
ÜH S. 9

Strecken messen und zeichnen

ERINNERE DICH

×P Punkt P    Strecke AB

———— g Gerade g    Punkt G auf der Geraden g

1 Beschreibe.

Lisa   Amir   Anna

2 Schätze und miss nach.

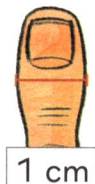
1 cm

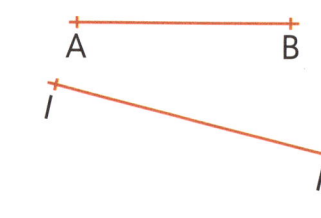 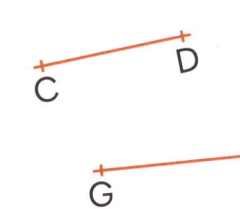 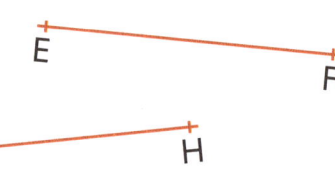

3 Miss die Strecken.

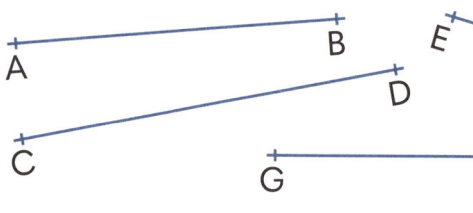

S.	2	4	/	3
$\overline{AB}$ =		cm		mm

4 Zeichne Strecken. Ein anderes Kind misst nach.

a) $\overline{AB}$ = 4 cm
$\overline{CD}$ = 3 cm
$\overline{EF}$ = 7 cm

b) $\overline{GH}$ = 4 cm 5 mm
$\overline{IK}$ = 6 cm 2 mm
$\overline{LM}$ = 5 cm 8 mm

c) $\overline{NO}$ = 35 mm
$\overline{PR}$ = 84 mm
$\overline{ST}$ = 27 mm

5 Wer hat den kürzeren Weg?

Bodo    Elsbeth

---

1: Begriffe „gekrümmte Linie", „Gerade", „Strecke" wiederholen
2: Längen der Strecken schätzen und messen; besprechen, dass Abweichungen beim Schätzen üblich sind
4: Schrittfolge für das Zeichnen von Strecken wiederholen

AH S. 14

Geraden, die sich schneiden

MERKE DIR

Die Geraden g und h schneiden sich.
Es entsteht ein Schnittpunkt S.

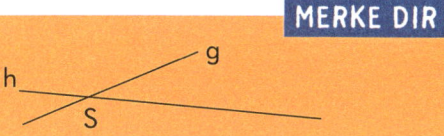

 Beschreibe.

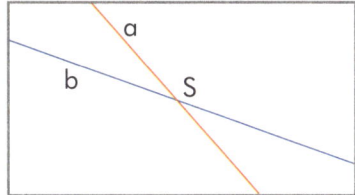 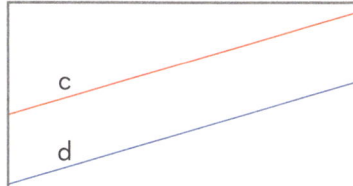 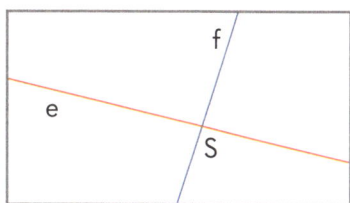

3 a) Zeichne immer zwei Geraden, die sich schneiden.
b) Zeichne immer mehrere Geraden, die sich schneiden.

Bezeichne die Geraden und Schnittpunkte.

4 a) Zeichne einen Punkt P. b) Zeichne einen Punkt S.
Zeichne 3 Geraden, die Zeichne 4 Geraden, die
sich im Punkt P schneiden. sich im Punkt S schneiden.

 Richtig oder falsch?

Im Punkt A schneiden sich die Geraden g und f.

Im Punkt B schneiden sich die Geraden h und f.

Die Geraden g und h schneiden sich im Punkt B.

Die Geraden g und f schneiden sich nicht.

Die Geraden g und h schneiden sich.

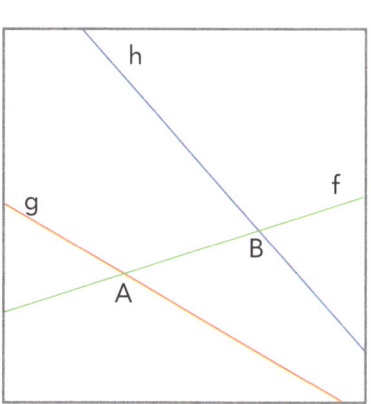

Parallel zueinander

1 a) Falte eine Treppe.

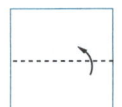   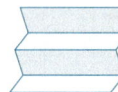

b) Zeichne die Faltlinien mit Lineal und Stift nach. Wie liegen diese Linien zueinander?

2 Findet im Klassenraum Linien, die zueinander parallel sind.

> **MERKE DIR**
>
> Die Geraden g und h schneiden einander nicht.
> Sie sind **parallel zueinander**.
> Der Abstand zwischen den Geraden bleibt immer gleich.
>
> Schreibe: g ∥ h
> Sprich: g ist parallel zu h

3 Zeige an dem Geodreieck parallele Linien.

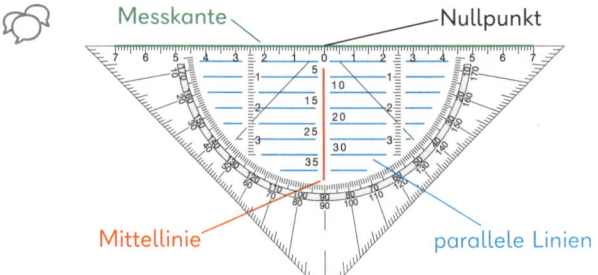

4 So kannst du mit dem Geodreieck prüfen, ob Geraden parallel zueinander sind. Erkläre.

5 Sind die Geraden parallel zueinander? Überprüfe mit dem Geodreieck.

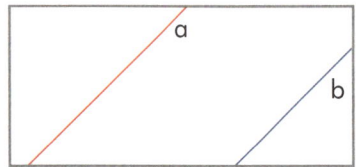 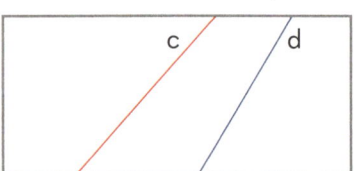

Senkrecht zueinander

1 a) Stelle einen Faltwinkel her.

Dieser Faltwinkel ist ein rechter Winkel.

b) Finde rechte Winkel im Klassenzimmer. Überprüfe mit deinem Faltwinkel.

Ich sehe mehr als einen rechten Winkel.

2 Falte deinen Faltwinkel auseinander. Zeichne die Faltlinien mit Lineal und Stift nach. Was stellst du fest?

MERKE DIR

Die Gerade g und die Gerade h sind **senkrecht zueinander**. Sie bilden 4 **rechte Winkel**.

Schreibe: g ⊥ h
Sprich: g ist senkrecht zu h
Schreibe: ⌐
Sprich: rechter Winkel

3 So kannst du mit dem Geodreieck prüfen, ob es ein rechter Winkel ist. Erkläre.

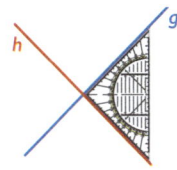 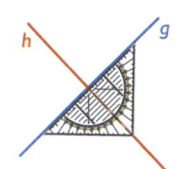

Wenn es ein rechter Winkel ist, dann sind die Geraden senkrecht zueinander.

4 Sind die Geraden senkrecht zueinander? Überprüfe mit dem Geodreieck.

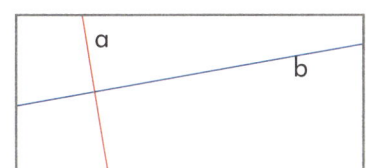 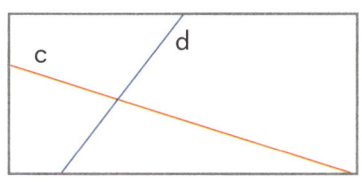 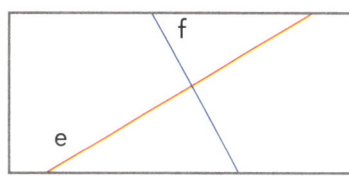

Zeichnen

1 Zeichne im Matheheft immer 2 Linien nach, die parallel zueinander sind. Vergleicht eure Ergebnisse.

2 a) Max zeichnet mit dem Geodreieck Geraden, die zueinander parallel sind. Erklärt.

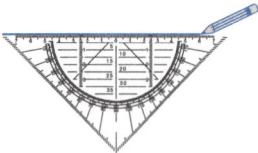 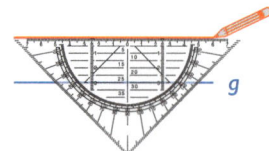 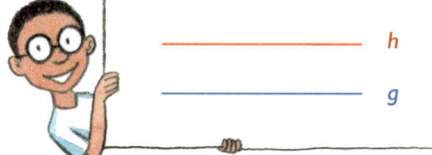

b) Zeichne mit dem Geodreieck Geraden, die zueinander parallel sind. Bezeichne sie.

3 Zeichne eine Gerade g. Zeichne eine Gerade h, die parallel zu g ist.
   a) im Abstand von 2 cm
   b) im Abstand von 3 cm

4 Zeichne im Matheheft immer 2 Linien nach, die zueinander senkrecht sind. Zeichne den rechten Winkel ein.

5 a) Anna zeichnet mit dem Geodreieck Geraden, die zueinander senkrecht sind. Erklärt.

 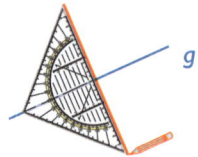 

b) Zeichne mit dem Geodreieck Geraden, die zueinander senkrecht sind. Bezeichne sie.

6 Zeichne mit dem Geodreieck eine Gerade a. Zeichne eine Gerade b und eine Gerade c, die senkrecht zur Geraden a sind.

Der Strahl

1

2 Zeichne einen Kreis.
Zeichne vom Kreis aus viele Strahlen.

MERKE DIR

Ein Strahl ist ein Teil einer Geraden.
Er hat einen Anfangspunkt, aber keinen Endpunkt.
Die Länge eines Strahls kann man nicht messen.

Strahl a mit Anfangspunkt P

P —— a

3 a) Zeichne einen Strahl s mit dem Anfangspunkt A.
b) Zeichne einen Punkt B. Zeichne 5 Strahlen mit dem Anfangspunkt B. Bezeichne.

4 Ordne zu.

a)    b) A————B   c)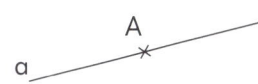

d)    e)    f)

g)    h) 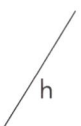   i)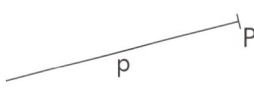

Gerade —— Strecke —— Strahl —— anderes

BIST DU FIT?

1 Meter oder Zentimeter?
   a) Länge des Klassenraumes
   b) Höhe der Tafel
   c) Breite eines Schulranzens
   d) Länge eines Autos
   e) Breite eines Arbeitsheftes

2 Gib die Länge der Strecken in **cm** und **mm** und nur in **mm** an.

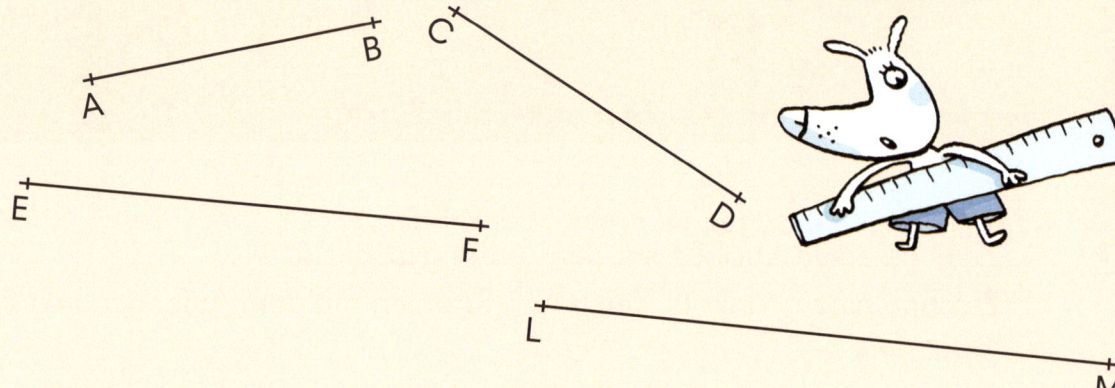

3 Zeichne Strecken.
$\overline{AB}$ = 5 cm $\overline{CD}$ = 3 cm 8 mm $\overline{EF}$ = 62 mm $\overline{OP}$ = 75 mm

4 Zeichne zwei Geraden n und m, die einander schneiden. Bezeichne den Schnittpunkt mit S.

5 Zeichne zwei Geraden g und h, die parallel zueinander sind.

6 Zeichne zwei Geraden o und p, die senkrecht zueinander sind.

FREUNDESEITE

Längen in deiner Umwelt

1. Schätzt und messt Gegenstände im Klassenraum, Schulhaus oder auf dem Schulhof. Nutzt geeignete Messinstrumente.

2. Können diese Aussagen stimmen? Begründe.

3. Schreibt richtige und falsche Aussagen. Sucht nach verschiedenen Längen in Büchern oder im Internet.

1: Zum gemeinsamen Messen von Gegenständen geeignete Dokumentation nutzen
2 und 3: Aussagen überprüfen und begründen

Addieren ohne Zehnerübergang

1 Anna sammelt Murmeln. Max gibt ihr 3 Murmeln dazu.

42 + 3 =
weil 2 + 3 = 5

Die kleine Aufgabe hilft.

2  4 + 5

a) 14 + 5   b) 22 + 6   c) 84 + 3   **d)** 53 + 5
   24 + 5   42 + 6   74 + 3   + 5
   34 + 5   72 + 6   44 + 3   +
   44 + 5   92 + 6   24 + 3   +

3 a) 24 + 5   b) 33 + 4   c) 72 + 5   d) 2 + 97   20 26 29 35 37 39
      36 + 3   51 + 7   64 + 4   3 + 32   49 55 58 59 68 77
      81 + 8   26 + 0   96 + 3   0 + 55   78 89 99 99
      57 + 2   44 + 5   15 + 5   7 + 71

4 a) 25 +   = 27   b) 31 +   = 34   c)   + 56 = 58   d)   + 47 = 50
      42 +   = 49   73 +   = 78   + 63 = 67   + 85 = 89
      75 +   = 78   25 +   = 29   + 23 = 29   + 45 = 45
      83 +   = 86   67 +   = 67   + 82 = 88   + 63 = 69

5 Annas Oma ist 63 Jahre alt. Leos Opa ist 4 Jahre älter.
Wie alt ist Leos Opa?

6 Im Schulbus sitzen 42 Kinder. An der ersten Haltestelle steigen 4 Kinder dazu. An der zweiten Haltestelle steigen 3 Kinder dazu.
Wie viele Kinder sind jetzt im Schulbus?

Subtrahieren ohne Zehnerübergang

1 Mila gibt Ben 2 Murmeln ab.

58 − 2 =
weil 8 − 2 = 6

Die kleine Aufgabe hilft.

2  6 − 3

a) 16 − 3	b) 29 − 5	c) 97 − 4	d) 38 − 7
26 − 3	49 − 5	87 − 4	− 7
36 − 3	69 − 5	57 − 4	−
46 − 3	89 − 5	27 − 4	−

3
a) 25 − 4	b) 75 − 4	c) 56 − 4	d) 55 − 0
46 − 3	54 − 3	78 − 2	34 − 2
97 − 7	86 − 0	96 − 3	48 − 7
38 − 6	29 − 4	19 − 6	76 − 3

13 21 25 32 32 41
43 51 52 55 71 73
76 86 90 93

4
a) 35 − ☐ = 32	b) 98 − ☐ = 95	c) ☐ − 6 = 62	d) ☐ − 0 = 49
58 − ☐ = 55	73 − ☐ = 71	☐ − 3 = 42	☐ − 3 = 96
88 − ☐ = 82	48 − ☐ = 44	☐ − 5 = 63	☐ − 8 = 80
76 − ☐ = 73	56 − ☐ = 56	☐ − 0 = 52	☐ − 4 = 94

5 a)
−	7	4	5	6
88				
59				

b)
−	1		5	2
78				
100		92		

6 Bens Opa ist 57 Jahre alt. Seine Oma ist 3 Jahre jünger. Wie alt ist sie?

Ergänzen zum nächsten Zehner

1 Finde die verliebten Zahlen.

2 Ergänze zum nächsten Zehner.

a) 15 +   = 20
   25 +   = 30
   35 +   = 40
   45 +   = 50

b) 17 +
   37 +
   57 +
   77 +

c) 22 +
   32 +
   52 +
   82 +

d) 46 +
   56 +
   66 +
   86 +

3 a) 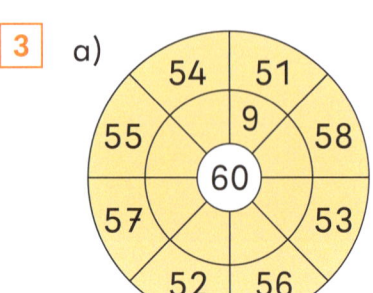   b) 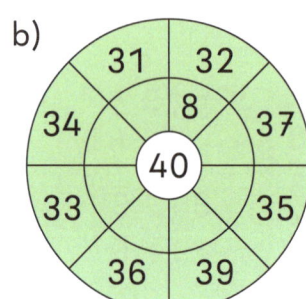   c)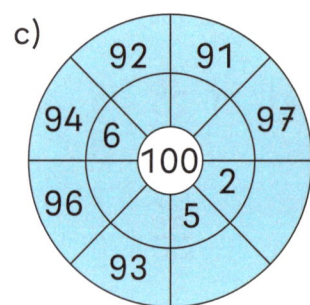

4 Ergänze zum nächsten Zehner.

a) 38 +   = 40
   48 +   = 50
   71 +   = 80
   24 +   = 30

b) 13 +
   36 +
   21 +
   53 +

c) 42 +
   28 +
   85 +
   79 +

d) 27 +
   81 +
   58 +
   43 +

5 Die Summe ist 70. Der erste Summand ist 64. Berechne den zweiten Summanden. — Mila

Der erste Summand ist 81. Die Summe ist 90. Berechne den zweiten Summanden. — Amir

Addieren mit Zehnerübergang

1

28 + 5 =
28 + 2 = 30
30 + 3 =

2 a) 35 + 8 b) 76 + 7 c) 46 + 5 d) 37 + 7
     62 + 9   84 + 8   73 + 8   52 + 9
     57 + 7   48 + 5   25 + 7   44 + 8
     88 + 5   27 + 6   59 + 4   66 + 6

32 33 43 44 51 52 53 61 63 64 71 72 81 83 92 93

S. 35 / 2
a) 35 + 8 =
    35 + 5 = 40
    40 + 3 =

3 a) 47 + 6 b) 34 + 9 c) 59 + 3
     26 + 8   67 + 6   74 + 7
     65 + 7   83 + 8   96 + 4
     35 + 6   55 + 6   36 + 8

34 41 43 44 53 61 62 72 73 81 91 100

Löse die kleine Aufgabe und übertrage.

47 + 6 = 53
weil 7 + 6 = 13

4 a)

+	7	5	9	8
45				
66				

b)

+	4	7	9	5
36				
57				

Subtrahieren von Zehnerzahlen

1 Ergänze die Zehnerzahlen.

50		70
		100

		30
		90

	40	
		60

2 Zähle rückwärts. Schreibe immer 5 Zahlen.

a) 83   b) 42   c) 61   d) 70
e) 52   f) 33   g) 22   h) 93

83, 82, 81, 80, 79

3
a) 10 − 5   b) 10 − 7   c) 20 − 6   d) 40 − 8   e) 40 − 1
   20 − 5   40 − 7   80 − 3   30 − 2   60 − 7
   50 − 5   70 − 7   40 − 4   60 − 6   50 − 2
   70 − 5   30 − 7   90 − 5   100 − 3   80 − 9

4 a)

−	5	2	4	7	6
60					
30					

b)

−	9	4	3	1	6
50					
70					

5 a) 60 / 6 / 4   b) 100 / 7 / 90   c) 49 / 9 / 6

6

Max: Der Minuend ist 40. Der Subtrahend ist 6. Berechne die Differenz.

Klara: Subtrahiere von 100 die Zahl 3. Wie heißt die Differenz?

Vorbereitung zur Zehnerunterschreitung
1: Wiederholung der Nachbarzehner   2: Rückwärtszählen bis unter den Zehner
3 und 4: Subtraktion vom vollen Zehner

Subtrahieren mit Zehnerübergang

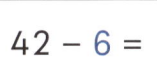

42 − 6 =
42 − 2 = 40
40 − 4 =

2

	a)	b)	c)	d)
	54 − 6	65 − 6	46 − 8	34 − 5
	32 − 5	83 − 9	24 − 7	66 − 9
	76 − 9	41 − 5	52 − 6	72 − 6
	85 − 7	36 − 8	71 − 3	57 − 8

 17 27 28 29 36 38 46 48 49 57 59 66 67 68 74 78

S. 37 / 2

a) 54 − 6 =
54 − 4 = 50
50 − 2 =

3

	a)	b)	c)
	65 − 8	54 − 8	35 − 6
	93 − 6	37 − 9	51 − 3
	42 − 7	82 − 5	74 − 5
	77 − 9	25 − 9	26 − 7

16 19 28 29 35 46 48 57 68 69 77 87

Löse die kleine Aufgabe und übertrage.

65 − 8 = 57
weil 15 − 8 = 7

4

a)
−	5	9	7	4
93				
62				

b)
−	6	9	7	8
75				
34				

Addieren und Subtrahieren

1 a) 38 + ☐ = 45   b) ☐ + 7 = 55   c) 54 − ☐ = 48   d) ☐ − 8 = 44
   63 + ☐ = 71   ☐ + 4 = 31   85 − ☐ = 76   ☐ − 9 = 64
   88 + ☐ = 92   ☐ + 5 = 73   71 − ☐ = 69   ☐ − 6 = 46
   49 + ☐ = 54   ☐ + 9 = 47   26 − ☐ = 17   ☐ − 7 = 86

2 4 5 6 7 8 9 9 27 38 48 52 52 59 68 73 93

2

a) 35
30 + ☐
29 + ☐
☐ + 7
27 + ☐

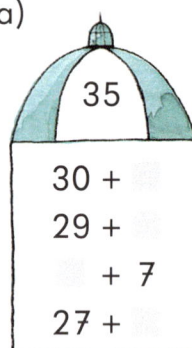

b) 54
48 + ☐
☐ + 9
☐ + 7
49 + ☐

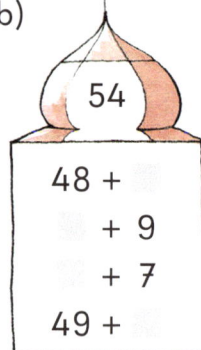

c) 86
91 − ☐
94 − ☐
☐ − 9
☐ − 6

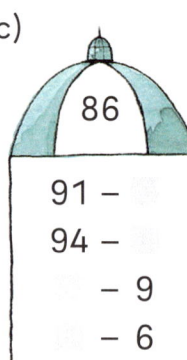

d) 68
71 − ☐
74 − ☐
☐ − 7
☐ − 5

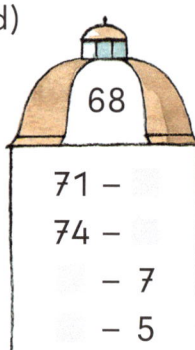

3 Rechne geschickt.

(45 + 5) a) 45 + 8 + 5   b) 38 − 2 − 8   c) 55 + 6 − 5
        37 + 7 + 3   32 − 9 − 2   63 + 9 − 3
        73 + 7 + 3   81 − 1 − 6   33 − 3 + 7
        45 + 5 + 4   55 − 8 − 5   94 + 8 − 4

Rechne zuerst bis zum Zehner.

21 28 37 42 47 54 56 58 69 74 83 98

4 Ziehe 3 Karten und stelle eine Aufgabe.
Ein anderes Kind löst.

Du kannst mit 3 Karten mehrere Aufgaben bilden.

1 und 2: Bei Bedarf Legematerial verwenden oder Strich-Punkt-Darstellung zeichnen
3: Erste Teilrechnung so wählen, dass das Ergebnis eine Zehnerzahl ist, Vorteile dieses Rechenwegs thematisieren

AH S. 24 und 25
ÜH S. 18–19

5 Finde Aufgabe und Umkehraufgabe.

67 + 5	43 + 8	72 – 5	72 – 9
63 + 9	39 + 5	84 – 6	51 – 8
54 + 8	62 – 8	44 – 5	78 + 6

S. 39 / 5

67 + 5 = 72
72 – 5 = 67

6 Richtig oder falsch? Berichtige die Fehler im Heft.

a) 62 + 6 = 69
   42 + 8 = 60
   84 + 7 = 91
   78 + 4 = 83

b) 57 – 5 = 52
   49 – 6 = 42
   63 – 6 = 67
   45 – 8 = 37

c) 55 + 6 = 71
   36 – 8 = 28
   39 + 7 = 46
   85 – 7 = 77

d) 75 – 7 = 68
   26 + 6 = 42
   52 – 8 = 46
   46 + 5 = 51

7

 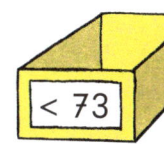 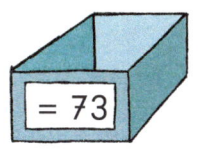 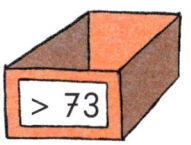

< 73   = 73   > 73

| 62 + 8 | 81 – 8 | 82 – 7 | 85 – 7 | 83 – 9 |
| 65 + 8 | 67 + 9 | 68 + 6 | 86 – 7 | 84 – 9 |

S. 39 / 7

< 73
62 + 8

8 Setze das richtige Zeichen ein: <, >, =.

a) 27 + 9   35
   37 + 5   44
   58 + 4   62
   36 + 9   46

b) 44 – 7   38
   61 – 9   52
   77 – 8   66
   38 – 9   29

c) 55   43 + 8
   83   79 + 6
   46   38 + 8
   74   67 + 7

d) 63   71 – 9
   85   92 – 7
   55   65 – 9
   78   82 – 5

9 Leo ist 7 Jahre alt.
Sein Vater ist 26 Jahre älter.
Wie alt ist Leos Vater?

10 Lisas Mutter ist 36 Jahre alt.
Mila ist 8 Jahre alt.
Wie viele Jahre ist die Mutter älter?

Sachaufgaben – Fragen beantworten

1 Kannst du die Fragen mit dem Bild beantworten? Begründe.

- Gibt es im Zoo einen Spielplatz?
- Dürfen die Kinder die Ziegen streicheln?
- Was kostet der Eintritt für Erwachsene?
- Wie viele Enten schwimmen im Wasser?
- Wie viele Personen wollen heute in den Zoo gehen?
- Wie lange hat der Zoo geöffnet?

2 Findet eigene Fragen zum Bild. Beantwortet diese.

3 Welche Fragen kannst du beantworten? Begründe.

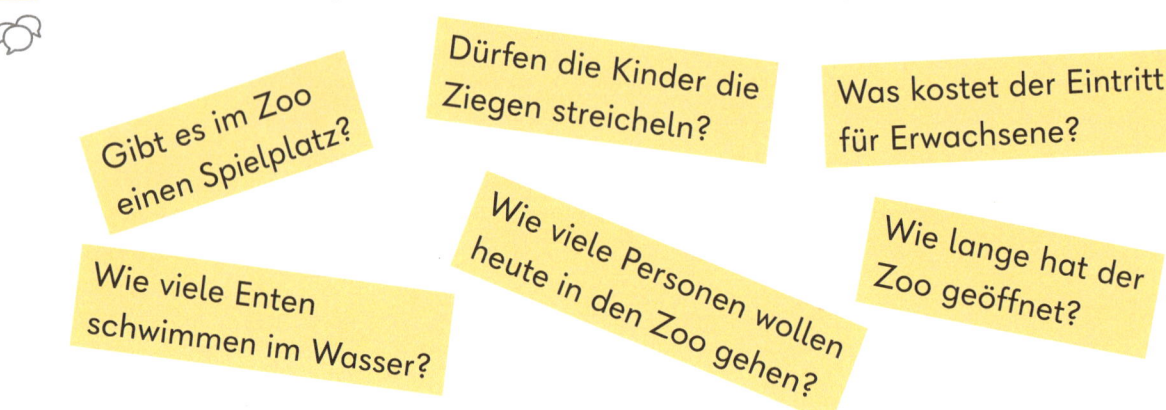

Lisa und Max gehen um 12 Uhr mit 2 Erwachsenen in den Zoo.

a) Wann gehen Lisa und Max in den Zoo?
b) Wie lange bleiben Lisa und Max im Zoo?
c) Wie viel Euro müssen sie bezahlen?

 1: Thematisieren, dass einige Fragen nicht beantwortet werden können
 3: Aufgabe c) kann nur mithilfe des Textes und des Bildes beantwortet werden

? Frage finden
= Aufgabe lösen
💬 Antworten

4 Im Zoo gibt es 8 große Zebras und 3 kleine Zebras.
? Ich frage: Wie viele Zebras sind es?
= Ich rechne: +   =
💬 Ich antworte: Zebras sind es.

5 Im Zoo leben 32 Lamas. 9 Lamas sind weiß, die anderen sind schwarz.
? Ich frage: Wie viele Lamas sind schwarz?
= Ich rechne: −   =
💬 Ich antworte: _____

6 Klara und ihre Eltern gehen in den Zoo.
? Ich frage: Wie viel Euro bezahlen sie?
= Ich rechne: +   +   =
💬 Ich antworte: _____

7 Im Zoo sind 34 Ziegen. 9 Ziegen werden verkauft. Wie viele Ziegen sind dann noch im Zoo?

8 15 Kinder der Klasse 2a und 7 Kinder der Klasse 2b gehen auf den Spielplatz. Wie viele Kinder gehen auf den Spielplatz?

Rechnen mit Geld

1 Ordne die Münzen und Scheine nach der Größe. Beginne mit 1 Cent.

Welche Münzen und Scheine kennst du noch nicht?

2 Wie viel Geld ist es?

a)  b)  c)  d)

3 Lege auf verschiedene Weise.

a) 85 ct   26 ct   39 ct   100 ct
b) 42 €   93 €   65 €   100 €

1 € = 100 ct

4 Lege mit möglichst wenig Münzen und Scheinen. Kontrolliere mit einem anderen Kind.

a) 12 ct   27 ct   36 ct
b) 78 €   51 €   49 €
c) 34 € 25 ct   65 € 50 ct   42 € 13 ct

5 Wie viel Geld könnte es sein? Lege und male verschiedene Möglichkeiten.

a) 5 verschiedene Münzen   b) 4 gleiche Münzen
c) 3 verschiedenen Scheine   d) 3 gleiche Scheine

1: Neue Münze (50 ct) und Scheine (50 € und 100 €) identifizieren
2: Geldbeträge durch Nachlegen oder Rechnen ermitteln
3 und 4: Verschiedene Möglichkeiten besprechen

6 Lege und rechne.

a) 24 € + 5 €   b) 37 € + 7 €   c) 42 € +   € = 50 €
   18 € + 8 €   52 € + 8 €   13 € +   € = 21 €
   65 € – 6 €   100 € – 5 €   25 € –   € = 18 €
   90 € – 0 €   43 € – 9 €   74 € –   € = 69 €

5 € 7 € 8 € 8 € 26 € 29 € 34 € 44 € 59 € 60 € 90 € 95 €

7 Lisa kauft sich ein Computerspiel und Kopfhörer.
   a) Wie viel Geld muss Lisa bezahlen?
   b) Sie bezahlt mit einem 50-€-Schein.
      Wie viel Geld bekommt sie zurück?

8 Ben möchte sich den Controller und die Kopfhörer kaufen.
   Er hat schon 60 € gespart. Reicht sein Geld?

9 Amir kauft sich von seinem gesparten Geld
   ein Handy, eine Handyhülle und Kopfhörer.
   An der Kasse bekommt er 7 € zurück.
   Mit wie viel Euro hat Amir bezahlt?

10 Was würdest du dir kaufen, wenn du 100 € ausgeben darfst?

Geldbeträge in zwei Einheiten

1 Amir kauft sich ein Buch für 8 € 49 ct.
Mit welchen Scheinen oder Münzen könnte er bezahlen?
Lege verschiedene Möglichkeiten.

2 a) Wie viel Geld haben die Kinder gespart?

Amir:  Anna:

S. 44 / 2a)			
Amir:		€	ct

Max: 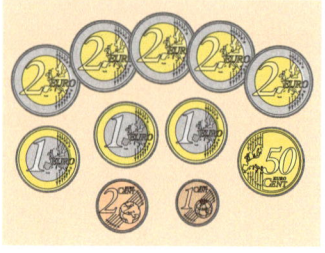 Lisa:  Ben:

b) Welches Kind hat das meiste Geld gespart?

3 Ben hat 6 € 50 ct zum Wandertag mitgenommen.
Lisa hat doppelt so viel Geld mitgenommen.
Wie viel Geld hat Lisa dabei?

Lege mit Rechengeld.

4 Welche Münzen müssen es sein?

Ich habe 16 € 50 ct. Wenn ich noch 3 Münzen dazulege, sind es genau 20 €.

Geldbeträge in Kommaschreibweise

1 Ich habe noch 7 € 35 ct in meiner Geldbörse. — Lisa

Max — Dann hast du also 7,35 €.

Du sprichst 7 € 35 ct.

MERKE DIR

Das Komma trennt Euro und Cent.

7,35 €   → 7 €   35 ct

6,20 €   → 6 €   20 ct

8,03 €   → 8 €   3 ct

---

2 Schreibe mit Komma.

a)  4 € 25 ct = 4,25 €

7 € 36 ct
8 € 19 ct
23 € 57 ct
60 € 75 ct

b)  8 € 60 ct = 8,60 €

5 € 80 ct
34 € 50 ct
11 € 20 ct
82 € 10 ct

c)  12 € 4 ct = 12,04 €

9 € 7 ct
21 € 5 ct
40 € 9 ct
55 € 1 ct

3 Schreibe in Euro und Cent.

a) 7,48 €
49,15 €
50,75 €
77,77 €

b) 3,20 €
15,90 €
10,50 €
30,30 €

c) 9,06 €
12,01 €
90,09 €
55,05 €

4 Ordne die Geldbeträge. Beginne mit dem kleinsten Betrag.

| 80 ct | 4 € | 4 € 25 ct | 8 ct | 6,50 € | 6,05 € |

Dreiecke und Vierecke

ERINNERE DICH

Dreiecke und Vierecke sind ebene Figuren.

1 Zeige Gegenstände, an denen du Dreiecke und Vierecke erkennst.

2 a) Lege nach.

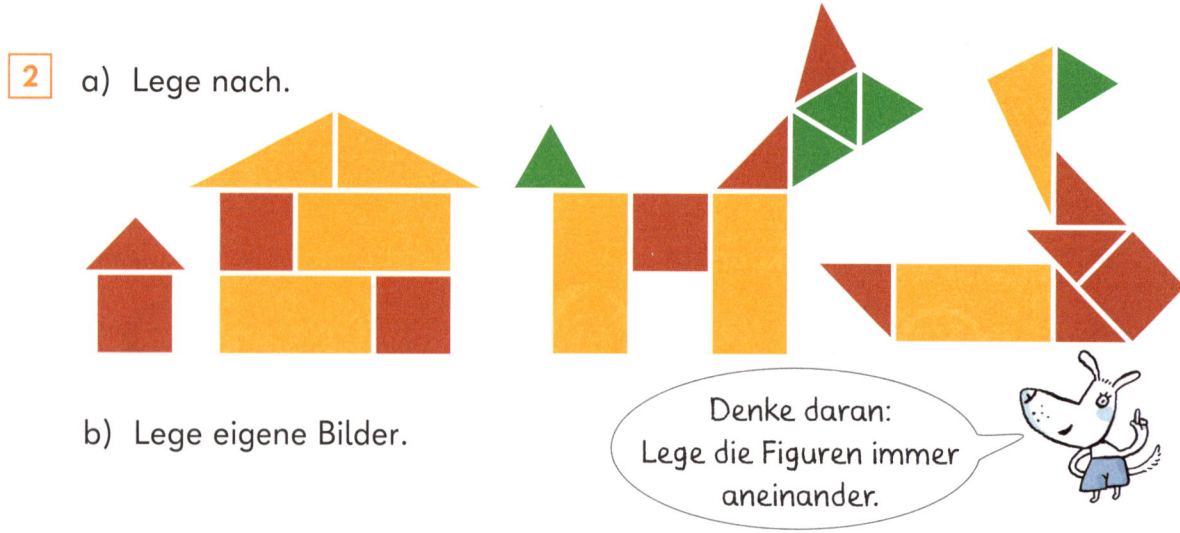

b) Lege eigene Bilder.

Denke daran: Lege die Figuren immer aneinander.

3 a) Lege nach. Welche Figuren sind entstanden?

Aus 4 kleinen Dreiecken entsteht ein Viereck.

Aus 4 kleinen Vierecken entsteht ein großes Viereck.

b) Lege eigene Dreiecke und Vierecke aus mehreren Figuren.

4

Klara: Mein Dreieck hat 3 Ecken.

Ben: Mein Viereck hat 4 Seiten.

Wie viele Seiten hat ein Dreieck?
Wie viele Ecken hat ein Viereck?

MERKE DIR

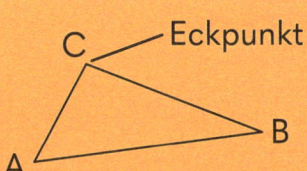 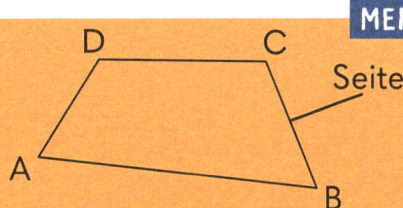

A, B und C sind die **Eckpunkte** des Dreieckes ABC.
Die Strecken $\overline{AB}$, $\overline{BC}$ und $\overline{CA}$ sind die **Seiten** des Dreiecks.

A, B, C und D sind die **Eckpunkte** des Vierecks ABCD.
Die Strecken $\overline{AB}$, $\overline{BC}$, $\overline{CD}$ und $\overline{DA}$ sind die **Seiten** des Vierecks.

5 a) Zeichne immer 3 Punkte.
Verbinde die Punkte zu einem Dreieck. Bezeichne sie.
b) Zeichne immer 4 Punkte.
Verbinde die Punkte zu einem Viereck. Bezeichne sie.

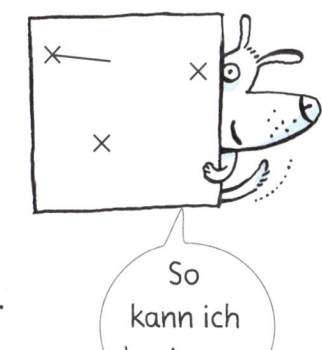

So kann ich beginnen.

6 a) Zeichne immer 3 Linien so, dass ein Dreieck entsteht.
b) Zeichne immer 4 Linien so, dass ein Viereck entsteht.

7 Wer hat die meisten Dreiecke?

Ich darf immer nur 2 Punkte verbinden.

Wenn ich ein Dreieck erhalte, dann darf ich es in meiner Farbe ausmalen.

Rechtecke und Quadrate

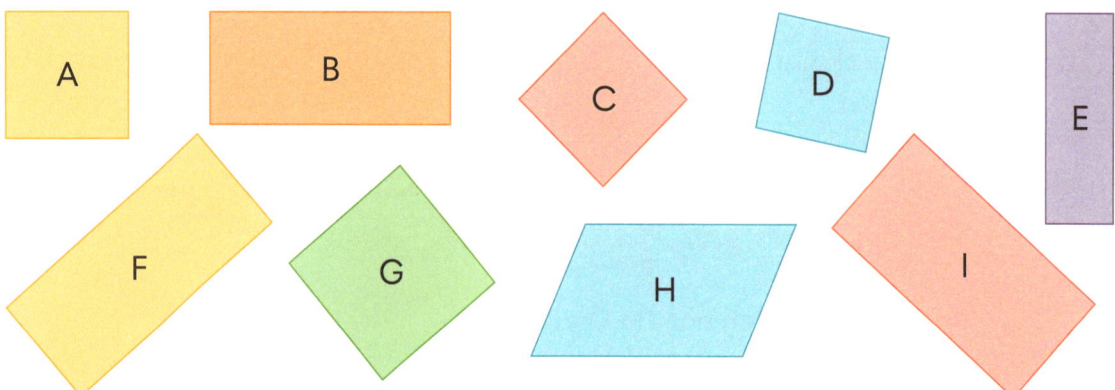

1 Sortiere die Vierecke nach ihrer Form.

Solche Vierecke nennt man Rechtecke.

Solche Vierecke nennt man Quadrate.

2 Wähle ein Rechteck und ein Quadrat aus.
a) Miss die Seitenlängen. Was stellst du fest?
b) Überprüfe, ob sie rechte Winkel besitzen.

MERKE DIR

Ein **Rechteck** ist ein Viereck mit **4 rechten Winkeln**. Die gegenüber liegenden Seiten sind **parallel zueinander** und **gleich lang**.

Ein **Quadrat** ist ein Viereck mit **4 rechten Winkeln**. Die gegenüber liegenden Seiten **sind parallel zueinander**. Alle Seiten sind **gleich lang**.

3 Zeige Gegenstände, an denen du Rechtecke und Quadrate erkennst.

4 Welche Figuren sind Rechtecke? Welche Figuren sind Quadrate? Begründe.

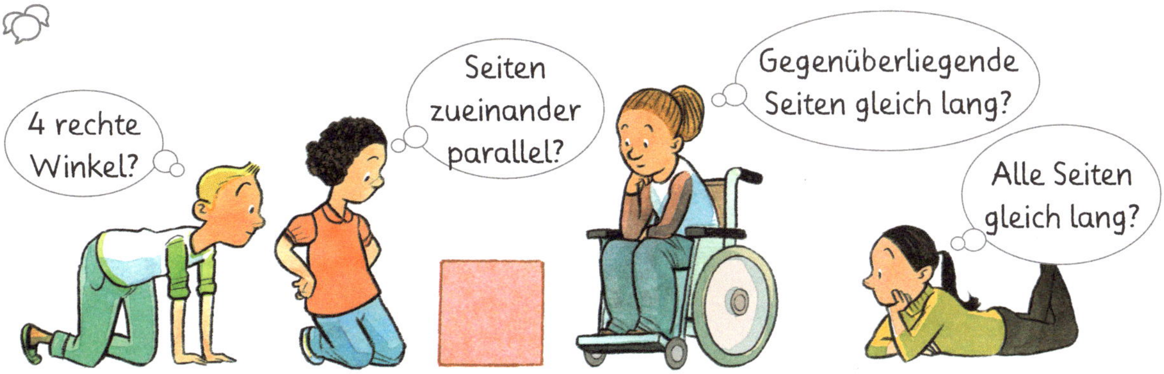
4 rechte Winkel?
Seiten zueinander parallel?
Gegenüberliegende Seiten gleich lang?
Alle Seiten gleich lang?

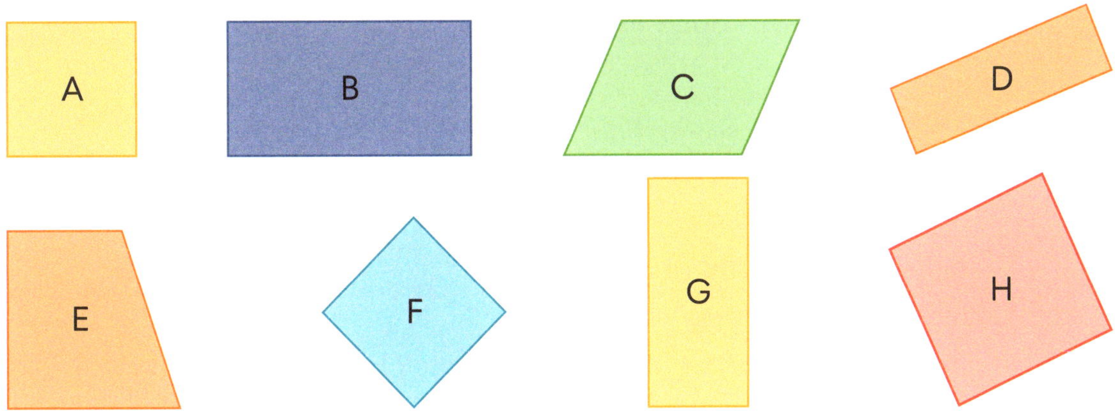
A
B
C
D
E
F
G
H

5

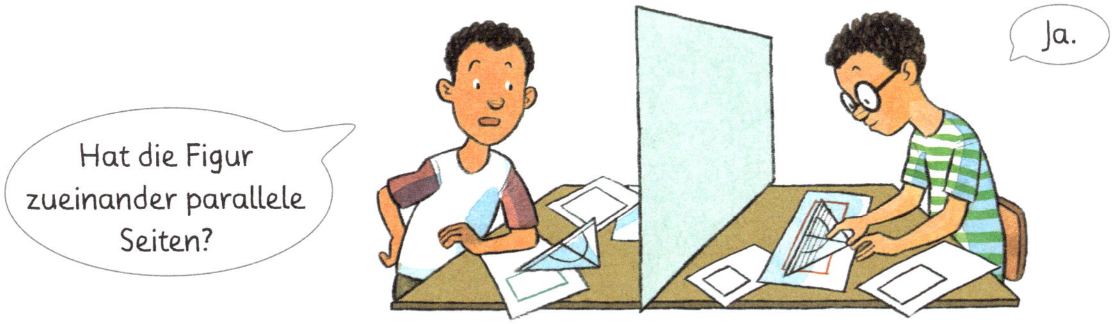
Hat die Figur zueinander parallele Seiten?
Ja.

6 Wie viele Quadrate und Rechtecke findest du?

a) 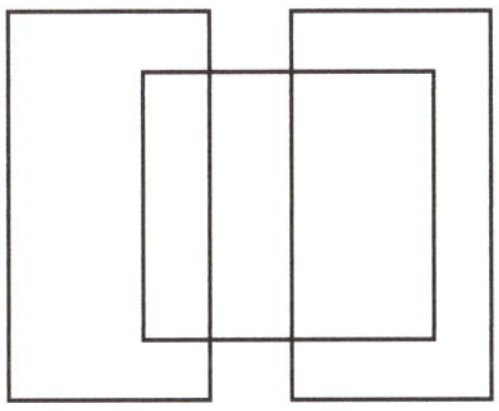

b) 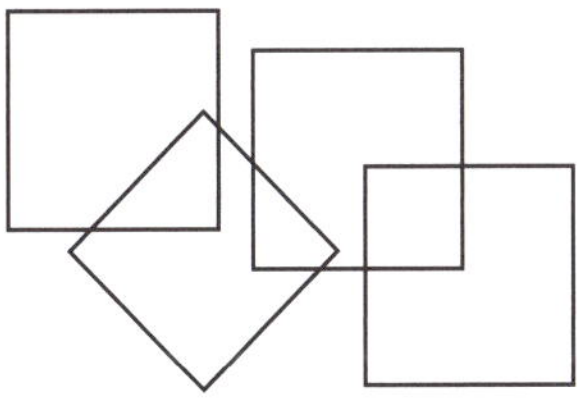

c) 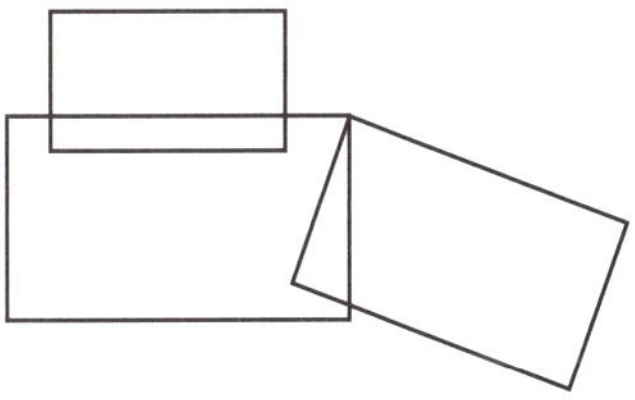

4: Rechtecke und Quadrate mithilfe ihrer Eigenschaften erkennen
6: Thematisieren, dass durch Überlappungen neue Rechtecke und Quadrate entstehen

AH S. 31 und 32
ÜH S. 23

Ebene Figuren am Geobrett

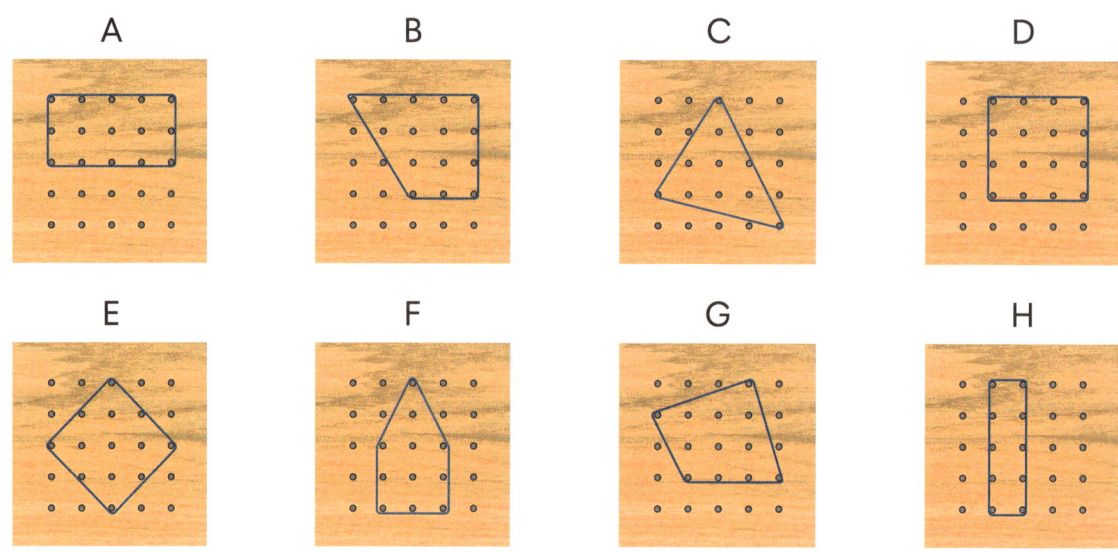

1 Spanne die Figuren nach.

2 a) Zeichne die Figuren ab.
b) Zeichne alle rechten Winkel ein.
c) Zeichne gleich lange Seiten mit der gleichen Farbe nach.

3 Welche Figuren sind a) Vierecke?
b) Rechtecke?
c) Quadrate?
d) keine Vierecke?

4 Spanne Vierecke. Ein anderes Kind kontrolliert.
a) Viereck mit jeweils zwei gleich langen Seiten
b) Viereck mit vier gleich langen Seiten
c) Viereck mit vier unterschiedlich langen Seiten

5 Spanne das Rechteck nach. Spanne ein zweites Gummi so, dass
a) zwei Rechtecke,
b) zwei Quadrate,
c) zwei Dreiecke entstehen.

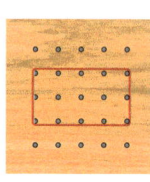

Kreise

1 Zeige Gegenstände, an denen du Kreise erkennst.

2 Zeichne Kreise mit diesen Hilfsmitteln.

Mit dem Zirkel kann ich am genauesten zeichnen.

3 Zeichne Kreise mit dem Zirkel.

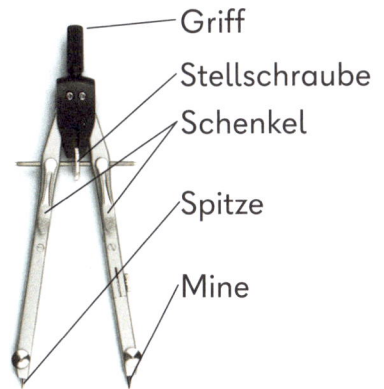

Griff
Stellschraube
Schenkel
Spitze
Mine

Ich fasse den Zirkel nur oben am Griff an und halte ihn leicht schräg.

MERKE DIR

Jeder Kreis hat eine Kreislinie,
einen Mittelpunkt M
eine Kreisfläche.

4 Zeichne Figuren mit dem Zirkel.

Kreise

1

Die rote Linie zeigt den Durchmesser des Kreises an.

Die blaue Linie zeigt den Radius des Kreises an.

MERKE DIR

Jeder Kreis hat einen Radius r,
einen Durchmesser d.

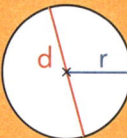

2 a) Miss mit dem Lineal den Radius (r) und den Durchmesser (d).

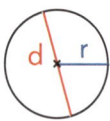 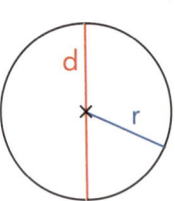

b) Was stellst du fest?

Der Durchmesser ist immer _____ vom Radius. | die Hälfte |

Der Radius ist immer _____ vom Durchmesser. | das Doppelte |

3 Ergänze.

Radius r	1 cm	2 cm	cm	cm
Durchmesser d	cm	cm	6 cm	8 cm

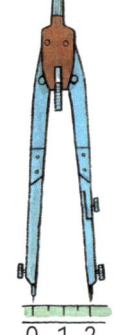

4 Zeichne einen Kreis mit dem Radius r = 2 cm.
So stellst du den Radius r = 2 cm richtig ein.
1. Stelle die Nadel vorsichtig auf die Nulllinie.
2. Schiebe vorsichtig den anderen Schenkel so,
   dass die Minenspitze auf der Linie mit der Ziffer zeigt.

5 Zeichne Kreise.
  a) r = 3 cm   b) r = 6 cm   c) d = 10 cm   d) d = 8 cm
     r = 5 cm   r = 4 cm   d = 12 cm   d = 14 cm

Muster

1 Wo findest du Muster?

2 Sucht weitere Muster in eurer Umgebung. Fotografiert oder zeichnet und gestaltet eine Ausstellung.

Du kannst auch im Internet suchen.

3 Legt die Muster nach und setzt sie fort.

a)  b)

c)  d)

e)  f)

4 Zeichne die Muster in dein Heft und setze sie fort.

a)  b)

5 Zeichne ab und setze fort.

a)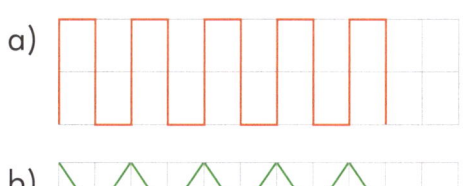

b)

c)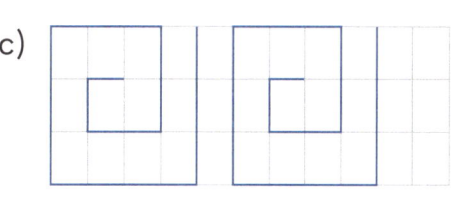

Zeichne eigene Muster.

6 und 7: Muster erkennen, beschreiben und fortsetzen
3 bis 5: Muster erkennen, beschreiben und fortsetzen;
Muster können nach rechts oder nach links fortgeführt werden

BIST DU FIT?

1 a) 23 + 5 = ☐   b) 66 − 5 = ☐   c) 89 + ☐ = 96   d) 42 − ☐ = 33
   33 + 8 = ☐   81 − 7 = ☐   46 + ☐ = 51   73 − ☐ = 67
   28 + 6 = ☐   35 − 8 = ☐   ☐ + 7 = 33   ☐ − 8 = 78
   57 + 4 = ☐   92 − 5 = ☐   ☐ + 9 = 74   ☐ − 6 = 56

2 Setze das richtige Zeichen ein: <, >, =.

   a) 58 + 3 ◯ 63   b) 61 − 9 ◯ 43   c) 63 − 7 ◯ 45 + 6
      47 + 6 ◯ 52   32 − 7 ◯ 27   72 − 6 ◯ 58 + 8
      79 + 5 ◯ 84   55 − 9 ◯ 46   35 + 9 ◯ 51 − 5
      36 + 6 ◯ 44   94 − 6 ◯ 89   86 + 7 ◯ 88 + 5

3 Welche Figuren sind Rechtecke? Welche Figuren sind Quadrate?

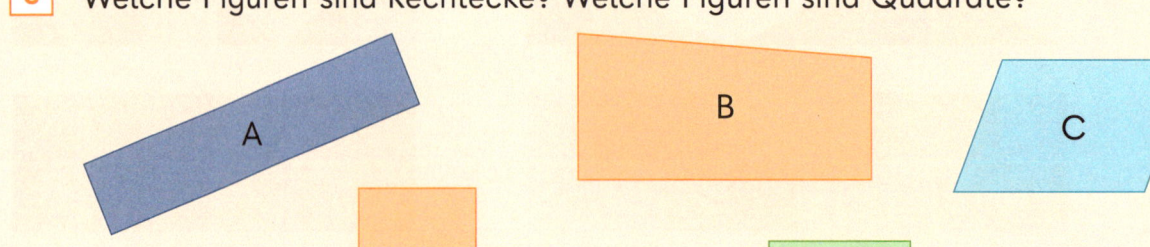

4 Richtig oder falsch?

a) Ein Rechteck hat 4 rechte Winkel.
b) Ein Quadrat ist ein Viereck.
c) Beim Rechteck sind die gegenüberliegenden Seiten parallel zueinander.
d) Beim Quadrat sind die benachbarten Seiten parallel zueinander.
e) Beim Quadrat sind alle Seiten gleich lang.

FREUNDESEITE

Mit ebenen Figuren gestalten

1 Gestaltet eine Ausstellung zu Tieren.
Jedes Tier besteht aus Dreiecken, Vierecken und Kreisen.

2 Gestaltet andere Figuren aus Dreiecken, Vierecken und Kreisen.

Multiplizieren

1 Was macht Max?

2	2 + 2 = 4	2 + 2 + 2 = ▨
1 mal 2	2 mal 2	3 mal 2
1 · 2 = 2	2 · 2 = ▨	3 · 2 = ▨

2 Schreibe immer eine Aufgabe mit + und eine mit ·.

a)
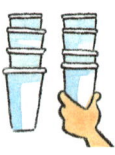   

4 + 4   4 + 4 + ▨   4 + 4 + 4 + ▨   4 + 4 + 4 + 4 + ▨
2 · 4   ▨ · 4   ▨ · 4   ▨ · ▨

b)

3   3 + ▨   3 + ▨ + ▨   3 + ▨ + ▨ + ▨
1 · 3   ▨ · 3   ▨ · ▨   ▨ · ▨

3 Schreibe immer eine Aufgabe mit + und eine mit ·.

a)   b)   c)   d)

3 + ▨   6 + ▨ + ▨   5 + ▨ + ▨   ▨ + ▨
2 · ▨   ▨ · 6   ▨ · ▨   ▨ · ▨

4 Finde immer eine Aufgabe mit + und eine mit · .

5 Finde Malaufgaben in deiner Umgebung.

> **MERKE DIR**
>
> Faktor   Faktor   Produkt   Multiplizieren
>   3 · 4 = 12   ·
>   Produkt   mal

6 Schreibe als Malaufgabe und rechne.

a)

Ich sehe 6 mal die 3.

b)   8 + 8 + 8 + 8
      9 + 9 + 9
      0 + 0 + 0 + 0
      7 + 7 + 7
      10 + 10

7 Schreibe eigene Plusaufgaben und dazu passende Malaufgaben.

8 Zeichne ein Bild zu einer Malaufgabe.

Multiplizieren im Punktefeld

1 Wie viele Punkte sind es? Schreibe eine Plusaufgabe und eine Malaufgabe.

a)

5 + 5 + 5
3 ·

 Es sind 3 Zeilen mit je 5 Punkten.

b)

7 + __ + __
__ · __

c)

__ + __
__ · __

2 Wie viele Punkte sind es? Schreibe eine Plusaufgabe und eine Malaufgabe.

a)   b)   c)   d)   e)

3 Zeichne. Wie viele Punkte sind es?

a) 3 · 4   b) 6 · 4
    4 · 5   7 · 2
    4 · 10   2 · 8
    1 · 5   3 · 9

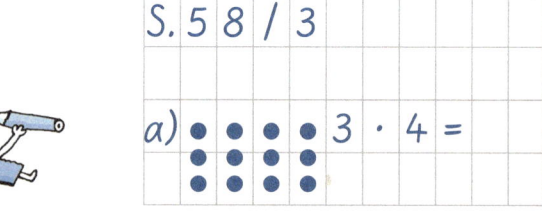

4 Zeigt Malaufgaben am Punktefeld. Schreibt sie auf.

5 Finde noch 4 Malaufgaben.

a) Verschiebe nach unten.   b) Verschiebe nach rechts.

S. 58 / 5

a) 2 · 9 =
    3 · 9 =

Tauschaufgaben

1 Wie viele Stückchen sind es? Erzähle.

"Ich sehe 4 mal 5 Stückchen."

"Ich sehe 5 mal 4 Stückchen."

"Das sind Tauschaufgaben."

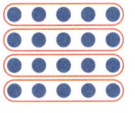 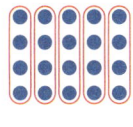

4 · 5 =   5 · 4 =

MERKE DIR

Die Faktoren kannst du vertauschen.
Das Produkt bleibt gleich.

4 · 3 = 12
3 · 4 = 12

2 Rechne Aufgabe und Tauschaufgabe.

a)    b)

c) 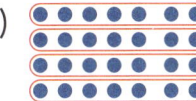   d)

S. 59 / 2

a) 2 · 4 =
   4 · 2 =

3 Rechne Aufgabe und Tauschaufgabe.

a) 3 · 2   b) 3 · 5   c) 3 · 6   d) 5 · 5
   5 · 1   2 · 7   4 · 7   3 · 3
   2 · 10   6 · 2   3 · 8   2 · 2

4 Male ein Punktefeld.
Schreibe dazu 2 Plusaufgaben und 2 Malaufgaben.

Verdoppeln

1 Verdopple. Was passiert mit dem Ergebnis?

2 · 5

"Ich verdopple die erste Zahl."

"Ich verdopple die zweite Zahl."

2 · 5 = ☐
4 · 5 = ☐

2 · 5 = ☐
2 · 10 = ☐

Anna — Ben

"Das Ergebnis wird …"

2 Verdopple wie Anna.

a) 1 · 2   b) 2 · 4   c) 1 · 3

S. 60 / 2

a) • •   1 · 2 =
   • •   2 · 2 =

3 Verdopple wie Ben.

a) 2 · 4   b) 4 · 1   c) 3 · 2

S. 60 / 3

a) • • • • | • • • •   2 · 4 =
   • • • • | • • • •   2 · 8 =

4 Verdopple die erste Zahl wie Anna. Verdopple die zweite Zahl wie Ben. Kontrolliere mit dem Punktefeld.

a) 1 · 5   b) 4 · 2   c) 2 · 2   d) 4 · 5

"Vergleiche die Ergebnisse."

5 Zeige eine Aufgabe. Jeder findet eine Verdopplung. Schreibt eure Aufgaben auf.

3 · 5 = 15
6 · 5 = 30

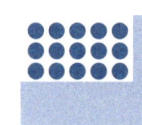

3 · 5 = 15
3 · 10 = 30

1: Aufgaben nachlegen: Wird ein Faktor verdoppelt, verdoppelt sich das Produkt.
2 bis 5: Zusammenhang erkennen und zur Kontrolle der Ergebnisse nutzen
4: Bei Bedarf Punktefeld und Abdeckwinkel (Beilage) verwenden

Multiplizieren mit 2

1 Wie viele Personen können mitfahren?

Malfolge der 2

1 · 2 = 2
2 · 2 = 4
3 · 2 =
4 · 2 =
5 · 2 =
6 · 2 =
7 · 2 =
8 · 2 =
9 · 2 =
10 · 2 =

2 Zeichne das Punktefeld.
Schreibe die Plusaufgabe und die Malaufgabe.

a) 3 · 2   b) 1 · 2   c) 6 · 2
   2 · 2   4 · 2   5 · 2

S. 61 / 2

a) • •   2 + 2 + 2 =
  • •   3 · 2 =
  • •

3 Schreibe die Malaufgabe und rechne.

a)    b)   c)    d)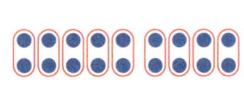

4 Verdopple und rechne.

a) 1 · 2   b) 2 · 2   c) 4 · 2   d) 3 · 2   e) 5 · 2
   2 · 2   · 2   · 2   · 2   · 2

5 Rechne immer Aufgabe und Tauschaufgabe.

a) 5 · 2   b) 3 · 2   c) 7 · 2
   10 · 2   6 · 2   9 · 2

5 · 2   2 · 5

6 Finde die Nachbaraufgaben.

a) 5 · 2   b) 2 · 2   c)   · 2   d)   · 2   e)   · 2
   [6 · 2]   [3 · 2]   [9 · 2]   [5 · 2]   [7 · 2]
   7 · 2   · 2   · 2   · 2   · 2

Multiplizieren mit 5

1 Wie viele Finger siehst du?

1 · 5 = 5
2 · 5 = 10
3 · 5 =
4 · 5 =
5 · 5 =
6 · 5 =
7 · 5 =
8 · 5 =
9 · 5 =
10 · 5 =

2 Zeige am Punktefeld.
Schreibe die Plusaufgabe und die Malaufgabe.

a) 4 · 5
   2 · 5
   6 · 5

b) 8 · 5
   3 · 5
   5 · 5

c) 7 · 5
   9 · 5
   1 · 5

3 Verdopple und rechne.

a) 1 · 5
   2 · 5

b) 2 · 5
   ▢ · 5

c) 4 · 5
   ▢ · 5

d) 3 · 5
   ▢ · 5

e) 5 · 5
   ▢ · 5

4 Rechne immer Aufgabe und Tauschaufgabe.

a) 1 · 5
   5 · 5
   10 · 5

b) 3 · 5
   6 · 5
   9 · 5

c) 2 · 5
   4 · 5
   8 · 5

5 Finde die Nachbaraufgaben.

a) 5 · 5
   [6 · 5]
   7 · 5

b) 2 · 5
   [3 · 5]
   ▢ · 5

c) ▢ · 5
   [9 · 5]
   ▢ · 5

d) ▢ · 5
   [5 · 5]
   ▢ · 5

e) ▢ · 5
   [8 · 5]
   ▢ · 5

6 Welche Aufgaben kannst du schon auswendig? Schreibe sie auf.

Multiplizieren mit 10

1 Wie viele Eier sind es?

10 Eier sind in einer Packung.

Malfolge der 10

1 · 10 = 10
2 · 10 = 20
3 · 10 =
4 · 10 =
5 · 10 =
6 · 10 =
7 · 10 =
8 · 10 =
9 · 10 =
10 · 10 =

2 Zeige am Punktefeld.
Schreibe die Plusaufgabe und die Malaufgabe.

a) 4 · 10
   2 · 10
   6 · 10

b) 8 · 10
   3 · 10
   5 · 10

c) 7 · 10
   9 · 10
   1 · 10

3 Verdopple und rechne.

a) 1 · 10
   2 · 10

b) 2 · 10
     · 10

c) 4 · 10
     · 10

d) 3 · 10
     · 10

e) 5 · 10
     · 10

4 Rechne immer Aufgabe und Tauschaufgabe.

a) 1 · 10
   5 · 10
  10 · 10

b) 3 · 10
   6 · 10
   9 · 10

c) 2 · 10
   4 · 10
   8 · 10

5 Finde die Nachbaraufgaben.

a) 5 · 10
   6 · 10
   7 · 10

b) 2 · 10
   3 · 10
     · 10

c)   · 10
   9 · 10
     · 10

d)   · 10
   5 · 10
     · 10

e)   · 10
   7 · 10
     · 10

6 Welche Aufgaben kannst du schon auswendig? Schreibe sie auf.

Dividieren – Aufteilen

1 Wie viele Gruppen sind es?

Wir sind 20 Kinder.

Immer 5 Kinder sind in einer Gruppe.

20 geteilt durch 5
20 : 5 =

2 Wie viele Spielgeräte sind es? Lege und schreibe die Aufgabe.

a) 18 Kinder
immer 2 Kinder auf einem Laufrad

18 : 2

b) 15 Kinder
immer 3 Kinder auf den Sommerski

15 :

c) 16 Kinder
immer 4 Kinder in einem Boot

 :

Ich lege für jedes Kind ein Plättchen.

3 Wie viele Türme werden es? Schreibe die Aufgabe.

a) 12 Steine
immer

b) 18 Steine
immer

c) 14 Steine
immer

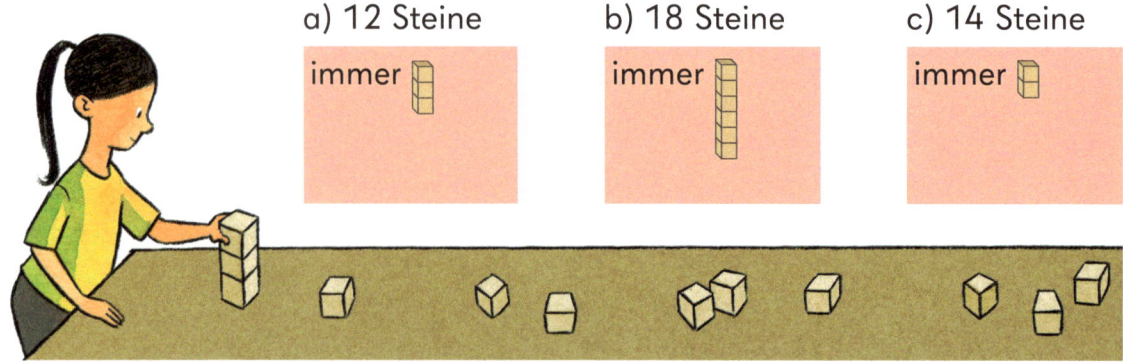

Dividieren – Verteilen

1 Verteile gerecht. Lege und schreibe die Aufgaben.

MERKE DIR

Dividend   Divisor   Quotient   Dividieren
30   :   5   =   6   :
    Quotient   geteilt durch

2 Lege und schreibe die Aufgabe.

a) Verteile 14 Pflaumen auf 2 Kinder.

b) Verteile 18 Tomaten auf 3 Teller.

c) Verteile 15 Erdbeeren auf 3 Schalen.

Ich lege für jede Frucht ein Plättchen.

3 Wie viele Steine hat ein Turm? Schreibe die Aufgabe.

Ich verteile gleichmäßig.

a) Verteile 12 Steine auf 3 Türme.

b) Verteile 20 Steine auf 4 Türme.

c) Verteile 18 Steine auf 2 Türme.

Umkehraufgaben

1 Erzähle. Rechne Aufgabe und Umkehraufgabe.

a) Aus 8 Steinen wurden Türme mit je 2 Steinen gebaut.

Ich sehe 4 Türme mit je 2 Steinen.

8 : 2 = ☐   4 · 2 = ☐

b) 4 mal 5 Punkte

20 Punkte: Immer 5 sind in einer Zeile.

4 · 5 = ☐   20 : 5 = ☐

2 Wie viele Türme werden es?
Rechne Aufgabe und Umkehraufgabe.

a) 8 Steine — immer ▯
b) 9 Steine — immer ▯
c) 8 Steine — immer ▯
d) 10 Steine — immer ▯

S. 66 / 2
a) 8 : 4 =
    · 4 =

3 Rechne Aufgabe und Umkehraufgabe.

a) 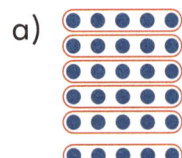   b)   c)   d)   e)

4 Rechne Aufgabe und Umkehraufgabe.

a) 7 · 10   8 · 5   8 · 2   4 · 1   6 · 10
b) 80 : 10   50 : 5   18 : 2   14 : 2   30 : 10

Aufgabenfamilien

1  2 Aufgaben mit · und 2 Aufgaben mit : sind eine Aufgabenfamilie.

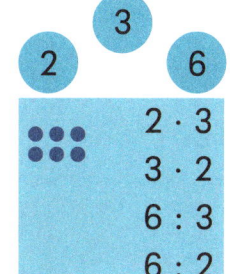

2 · 3
3 · 2
6 : 3
6 : 2

Tauschaufgabe
Umkehraufgabe

2 a)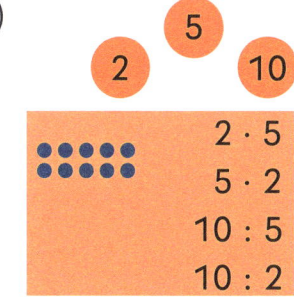

2 · 5
5 · 2
10 : 5
10 : 2

b)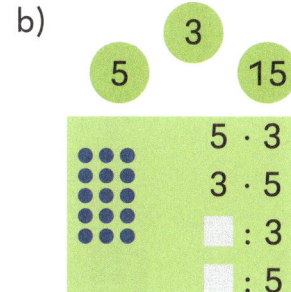

5 · 3
3 · 5
☐ : 3
☐ : 5

c)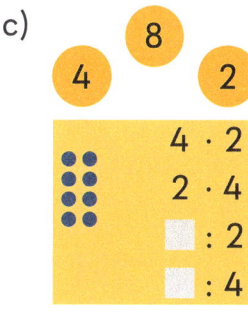

4 · 2
2 · 4
☐ : 2
☐ : 4

3 Bilde Aufgabenfamilien.

a)    b) ... (6, 2, 12)   (2, 8, 16)   c) (20, 10, 2)

4 a) 4, 5, ☐   b) 5, 6, ☐   c) 10, 3, ☐

d) ☐, 2, 18   e) 5, ☐, 50   f) ☐, ☐, 14

5 Finde selbst Aufgabenfamilien.

6 Mila behauptet: Mit 2, 2, 4 kann man keine Aufgabenfamilie bilden. Stimmt das? Begründe.

Halbieren

1 Halbiere. Was passiert mit dem Ergebnis?

"Ich halbiere die erste Zahl." — Anna

2 · 8 =
1 · 8 =

"Ich halbiere die zweite Zahl." — Ben

2 · 8 =
2 · 4 =

Das Ergebnis wird …

2 Halbiere wie Anna.
a) 2 · 3   b) 4 · 5   c) 6 · 3

S. 68 / 2
a) 2 · 3 =
   1 · 3 =

3 Halbiere wie Ben.
a) 3 · 6   b) 1 · 4   c) 3 · 2

S. 68 / 3
a) 3 · 6 =
   3 · 3 =

4 Halbiere. Kontrolliere mit dem Punktefeld. Vergleiche die Ergebnisse.
a) 2 · 5   b) 4 · 2   c) 2 · 10   d) 4 · 5
   · 5   · 2   · 10   · 5

5
a) Anna denkt sich eine Zahl. Sie ist die Hälfte von 4 · 10.

b) Max denkt sich eine Zahl. Sie ist die Hälfte von 2 · 5.

c) Lisa denkt sich eine Zahl. Sie ist die Hälfte von 8 · 10.

Dividieren durch 2

1 Teile gerecht.

12 : 2 =

· 2 = 12

2 Verteile an Lisa und Amir. Lege und rechne.

a)    b)    c) 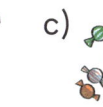   d)

   8 : 2   : 2   : 2   : 2

3 Immer die Hälfte: Lege und rechne.

a)    b)    c)    d)   e)

4 Lege. Rechne Aufgabe und Umkehraufgabe.

a) 4 : 2   b) 8 : 2   c) 2 : 2
   10 : 2   12 : 2   6 : 2
   16 : 2   18 : 2   14 : 2

S. 69 / 4

a) 4 : 2 =
    · 2 =

5 a) 2 : 2   b) 20 : 2
    4 : 2   18 : 2
    6 : 2   16 : 2
       : 2   : 2
       :   :

6 Finde die Nachbaraufgaben.

a) 2 : 2   b) : 2   c) : 2
   [4 : 2]   [18 : 2]   [10 : 2]
   6 : 2   : 2   : 2

7 Halbiere. Schreibe die Aufgabe und rechne.

| 14 | 18 | 6 | 20 |

Dividieren durch 5

1 In der Kiste liegen 30 Äpfel. Wie viele Netze werden gefüllt?

30 : 5 = ▨

▨ · 5 = 30

Ich lege immer 5 in ein Netz.

Ich kenne die Umkehraufgabe.

2 Immer 5 Früchte in ein Netz: Wie viele Netze werden gefüllt?

a)  20 : 5

b)  ▨ : 5

c)  ▨ : 5

d)  ▨ : 5

3 Zeige am Punktefeld. Rechne Aufgabe und Umkehraufgabe.

a) 30 : 5
40 : 5
50 : 5

b) 25 : 5
35 : 5
45 : 5

c) 5 : 5
20 : 5
15 : 5

S. 7 0 / 3				
a) 3 0	:	5	=	
		·	5	=

4
a) 5 : 5
10 : 5
15 : 5
▨ : 5
▨ : ▨

b) 50 : 5
45 : 5
40 : 5
▨ : 5
▨ : ▨

5 Finde die Nachbaraufgaben.

a) 5 : 5
[10 : 5]
15 : 5

b) ▨ : 5
[40 : 5]
▨ : 5

c) ▨ : 5
[25 : 5]
▨ : 5

6
a) 5 : 5
10 : 5
20 : 5

b) 40 : 5
20 : 5
10 : 5

c) 25 : 5
50 : 5

d) 30 : 5
15 : 5

Was fällt dir auf?

Dividieren durch 10

1 Im Korb liegen 50 Eier. Wie viele Packungen werden gefüllt?

50 : 10 =
___ · 10 =

2 Immer 10 Eier kommen in eine Packung.
Wie viele Packungen werden gefüllt?

a) 20 Eier	b) 70 Eier	c) 10 Eier
60 Eier	40 Eier	30 Eier
80 Eier	90 Eier	100 Eier

3 Zeige am Punktefeld. Rechne Aufgabe und Umkehraufgabe.

a) 30 : 10	b) 70 : 10	c) 60 : 10
40 : 10	50 : 10	100 : 10
50 : 10	20 : 10	80 : 10

4
a) 10 : 10
20 : 10
30 : 10
___ : 10
___ : ___

b) 100 : 10
90 : 10
80 : 10
___ : 10
___ : ___

5 Finde die Nachbaraufgaben.

a) 10 : 10
   [20 : 10]
   30 : 10

b) ___ : 10
   [80 : 10]
   ___ : 10

c) ___ : 10
   [50 : 10]
   ___ : 10

6
a) 20 : 10
40 : 10
80 : 10

b) 40 : 10
20 : 10
10 : 10

c) 30 : 10
60 : 10

d) 100 : 10
50 : 10

Was fällt dir auf?

Multiplizieren und Dividieren

1 a) 6 · 2   b) 5 · 5   c) 90 : 10   d) 8 : 2
    9 · 2   1 · 10   40 : 5   35 : 5
    4 · 5   3 · 5   16 : 2   70 : 10
    6 · 10   5 · 2   100 : 10   5 : 5
    1 · 5   7 · 2   45 : 5   12 : 2

1 4 5 6 7 7 8
8 9 9 10 10
10 12 14 15
18 20 25 60

2

a)
·	2	5	10
1			
6			

b)
·	10	5	2
4			
8			

c)
:	10	5	2
10			
20			

1 2 2 2 4 5 5 8 10 10 12 16 20 30 40 40 60 80

3 Bilde Aufgabenfamilien.

a) 7   2   14   b) 8   80   c) 5   4

4 a) Die Faktoren sind 6 und 2. Wie heißt das Produkt?
    b) Der Dividend ist 70. Der Divisor ist 10. Wie heißt der Quotient?

5 a) Verdopple. 8   6   10   2   9

    b) Halbiere. 20   6   14   8   12

S. 72 / 5
a) 8 · 2 =

6 Wie viele Gruppen werden es? Schreibe die Aufgaben und rechne.
    a) 16 Kinder in Zweiergruppen
    b) 30 Kinder in Zehnergruppen

7 a) Finde Aufgaben mit dem Produkt 10.
    b) Finde Aufgaben mit dem Dividenden 20.

Kernaufgaben

1 Zeige am Punktefeld und rechne weiter. Finde immer 10 Aufgaben.

a) Schreibe die Tauschaufgaben der Malfolgen mit 2 und 10 auf.

2 · 1   10 · 1
2 · 2   10 · 2
2 · 3   10 · 3

b) Halbiere alle Aufgaben aus a).

1 · 1   5 · 1
1 · 2   5 · 2
1 · 3   5 · 3

Diese Aufgaben heißen Kernaufgaben.

2 Schreibe die Kernaufgaben der Malfolgen auf.

2 3 4 5 6
7 8 9 10

1 ·
2 ·
5 ·
10 ·

3 Nutze die Kernaufgaben zum Lösen schwieriger Aufgaben.

a) 3 · 6 =
   2 · 6 =
   1 · 6 =

Ich addiere die Ergebnisse der 2 Kernaufgaben.

b) 4 · 7 =
   2 · 7 =
   2 · 7 =

c) 7 · 9 =
   5 · 9 =
   2 · 9 =

d) 9 · 8 =
   10 · 8 =
   1 · 8 =

minus

4 Finde die Kernaufgaben.

a) · 3 = 30
    · 3 = 3
    · 3 = 6
    · 3 = 15

b) · 5 = 10
    · 5 = 25
    · 5 = 50
    · 5 = 5

c) · 10 = 50
    · 10 = 20
    · 10 = 10
    · 10 = 100

d) · 4 = 4
    · 4 = 40
    · 4 = 20
    · 4 = 8

Multiplizieren und Dividieren mit 1 und 0

1 a)

$1 + 1 = \blacksquare$

$\blacksquare \cdot 1 = \blacksquare$

b)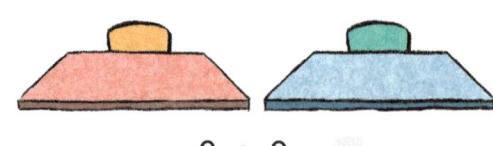

$0 + 0 = \blacksquare$

$\blacksquare \cdot 0 = \blacksquare$

2 Schreibe die Malaufgabe und rechne.

a) 1 + 1 + 1 + 1 + 1 + 1 + 1 + 1
1 + 1 + 1 + 1
1 + 1 + 1 + 1 + 1 + 1

b) 0 + 0 + 0 + 0 + 0 + 0 + 0 + 0
0 + 0 + 0 + 0
0 + 0 + 0 + 0 + 0 + 0

3 Schreibe die Malfolgen auf. Markiere die Kernaufgaben.

a) 1 · 1
2 · 1
3 · 1
■ · 1

b) 1 · 0
2 · 0
3 · 0
■ · ■

4 Rechne immer Aufgabe und Tauschaufgabe.

a) 4 · 1
7 · 1
9 · 1
3 · 1

b) 5 · 0
4 · 0
6 · 0
9 · 0

MERKE DIR

Multiplizieren mit 0 ergibt immer 0.

$\blacksquare \cdot 0 = 0$

$0 \cdot \blacksquare = 0$

5

Ich bekomme alle Bonbons.

5 : 1
8 : 1
6 : 1

6

Ich bekomme keinen Bonbon.

0 : 1
0 : 5
0 : 2

Gerade und ungerade Zahlen

1

Mila: "4 ist eine gerade Zahl. Ich kann sie durch 2 teilen."

Max: "3 ist eine ungerade Zahl."

| 0 | 1 | 2 | 3 | 4 | 5 | 6 | 7 | 8 | 9 | 10 | 11 | 12 | 13 | 14 | 15 | 16 | 17 | 18 | 19 | 20 |

a) Schreibe die geraden Zahlen auf. Markiere die Einer grün.
b) Schreibe die ungeraden Zahlen auf. Markiere die Einer rot.
c) Was fällt dir auf? Welche Zahlen kannst du durch 2 teilen?

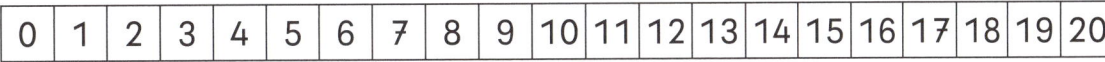

MERKE DIR

Alle geraden Zahlen haben im Einer eine 0 2 4 6 oder 8.
Alle ungeraden Zahlen haben im Einer eine 1 3 5 7 oder 9.

2 a) Schreibe die geraden Zahlen von 20 bis 30 auf.
b) Schreibe die ungeraden Zahlen von 50 bis 60 auf.

3 Gerade oder ungerade? Sortiere.

| 46 | 52 | 57 | 63 | 65 | 70 | 74 | 79 | 86 | 91 | 98 |

4 | 16 | 44 | 30 | 28 |

a) Verdopple diese geraden Zahlen.
   Ist das Ergebnis gerade oder ungerade? Markiere.
b) Halbiere diese geraden Zahlen.
   Ist das Ergebnis gerade oder ungerade? Markiere.

S. 75 / 4
a) 16 + 16 =
   44 + 44 =

5 | 15 | 43 | 31 | 27 |

a) Verdopple diese ungeraden Zahlen.
   Ist das Ergebnis gerade oder ungerade? Markiere.
b) Halbiere. Was stellst du fest?

BIST DU FIT?

1
a) 8 · 1   b) 6 · 5   c) 40 : 5   d) 16 : 2
   7 · 5   9 · 0   18 : 2   20 : 10
   4 · 2   3 · 10   7 : 1   0 : 1
   5 · 10   0 · 10   80 : 10   45 : 5

2 Bilde Aufgabenfamilien.
a) 3 2 6   b) 6 10   c) 5 20

3
a)
·	2	5	10
2			
5			

b)
·	1	5	2
7			
9			

c)
:	1	2	5
20			
10			

4
a) 1 · 4   b) 1 · 8   c) 1 · 6   d) 1 · 9
   2 · 4   2 · 8   2 · 6   2 · 9
   5 · 4   5 · 8   5 · 6   5 · 9
   10 · 4   10 · 8   10 · 6   10 · 9

5

Mila: Verdopple 5 · 5.

Anna: Berechne die Hälfte von 4 · 10.

Leo: Meine Zahl ist der Quotient aus 30 und 5.

Klara: Meine Kernaufgabe ist eine Nachbaraufgabe von 9 · 3.

Amir: Die Faktoren sind 2 und 9. Wie heißt das Produkt?

6 Schreibe 5 gerade und 5 ungerade Zahlen von 40 bis 90 auf.

FREUNDESEITE

1 · 1 – Rennen

Ihr braucht einen Würfel und Spielfiguren.
Würfle, rücke vor und löse die Aufgabe.
Ein anderes Kind kontrolliert.
Hast du richtig gerechnet, darfst du noch einmal würfeln.

START

1 · 5
5 · 5
7 · 2
6 · 1
20 : 5
2 · 9
9 · 0
35 : 5
80 : 10
ZIEL
16 : 2
0 : 4
8 · 5
5 · 3
6 : 1
4 · 10
10 · 5

Differenzierung: KV 10 (HRU) mit anderen Aufgaben nutzen

Würfel, Quader, Kugel

ERINNERE DICH

 Würfel    Quader    Kugel

Würfel, Quader und Kugeln sind Körper.

1 Sammelt Gegenstände, die die Form der Körper haben.
Gestaltet eine Ausstellung.

2 Sortiert die Gegenstände. Welche Form haben sie?

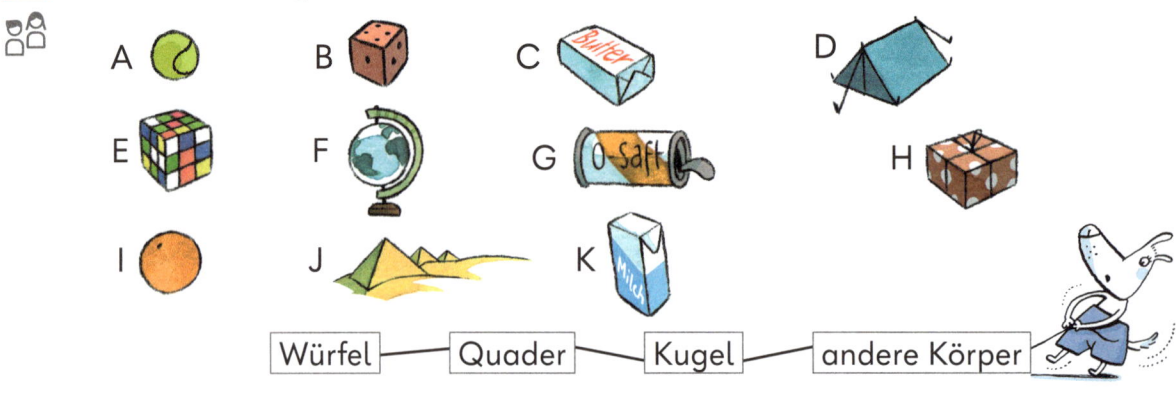

| Würfel | Quader | Kugel | andere Körper |

3

"Mein Würfel hat Flächen." – Leo

"Mein Würfel hat Ecken." – Ben

"Das ist eine Kante." – Anna

MERKE DIR

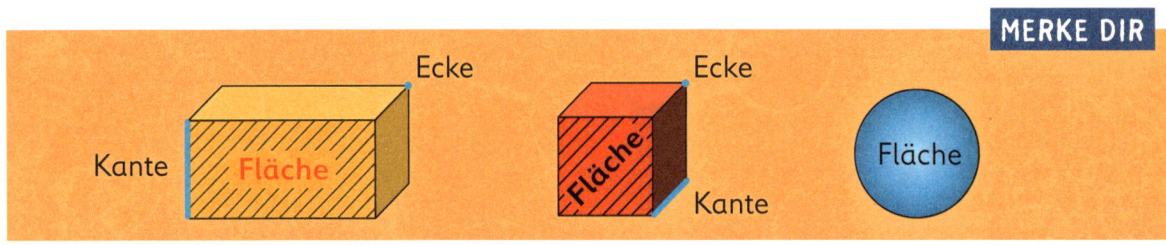

Ecke, Ecke, Kante, Fläche, Fläche, Fläche

4 Wie viele Flächen, Ecken und Kanten haben Quader, Würfel und Kugel? Vergleiche.

1 und 2: Alltagsgegenstände den Körpern zuordnen
3 und 4: Begriffe „Fläche", „Ecke", „Kante" einführen und Anzahlen am Körper bestimmen

AH S. 49
ÜH S. 39

5 a) Umfahre mit Bleistift die Flächen eines Quaders. Welche Form haben die Flächen?
b) Umfahre mit Bleistift die Flächen eines Würfels. Welche Form haben die Flächen?
c) Vergleiche die Flächen von Quader und Würfel.

6 Welche Körper können es sein?

Klara: Mein Körper hat 12 Kanten.
Max: Mein Körper hat keine Ecke.
Leo: Mein Körper hat Flächen, die Rechtecke sind.
Ben: Mein Körper hat keine Kante.

7 Richtig oder falsch?
a) Ein Würfel hat 6 Flächen.
b) Ein Quader hat 4 Flächen.
c) Ein Würfel hat 8 Ecken.
d) Ein Quader hat mehr Ecken als ein Würfel.
e) Ein Würfel hat 10 Kanten.
f) Eine Kugel hat keine Ecken und Kanten.
g) Ein Würfel hat gleich große Flächen.
h) Die Flächen eines Würfels sind Quadrate.

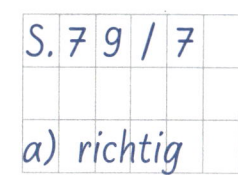

S. 79 / 7
a) richtig

8 Wer hat Recht? Begründe.

Mila: Das ist ein Würfel.
Anna: Das ist ein Quader.
Lisa: Das ist ein Würfel, aber auch ein Quader.

5: Flächen des Quaders und Würfels vergleichen: Würfel haben immer quadratische Flächen.
8: Jeder Würfel ist ein besonderer Quader.

Würfelbauten

1 Baut verschiedene Würfelgebäude. Beschreibt.

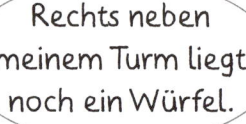 „Rechts neben meinem Turm liegt noch ein Würfel."

 „Auf meinen Würfeln liegen noch einmal gleich viele Würfel."

über · oben · links · rechts · auf · vor · hinter · unten · neben

2 Wie viele Würfel sind es?

a) 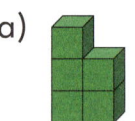   b) 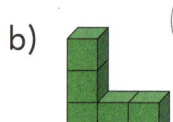   „Du kannst auch nachbauen."   c)    d)

e)    f)       g)    h)

3 In welcher Reihenfolge wurde gebaut?

a) A    B 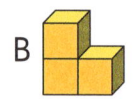   C 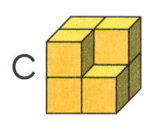   D

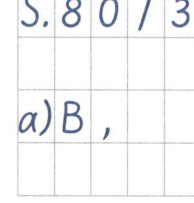

S. 80 / 3

a) B,

b) A    B   C    D

4 Baue nach. Lege dann einen Würfel um.

a) 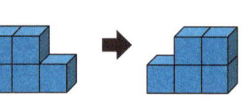   b)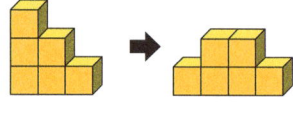

c)    d)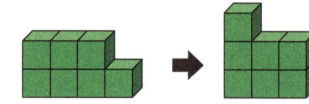

 „Welcher Würfel liegt an einer anderen Stelle?"

1: Würfelgebäude beschreiben, Begriffe des Wortspeichers verwenden
3: Reihenfolge erkennen und bei Bedarf nachbauen
4: Würfelbauten umbauen, dabei beschreiben, welcher Würfel umgelegt werden muss

5

6   Baue nach Bauplan. Vergleiche mit einem anderen Kind.

a)
1	2	3
1	2	3
1	2	3

b)
1	2	1
2	3	2
1	2	1

c)
3	2	1
2	3	2
1	2	3

d)
1	2	3
3	2	1
1	2	3

7 Welcher Bauplan passt zu welchem Gebäude?

a)

A   B C D

	3	3
1	3	3

	2	2
2	2	2

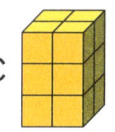

	3	3
3	2	2

3	2	1
4	2	1
	1	

b)

A B C D

	1	2
1	1	1
	1	1

	2	1
2	1	1
	1	1

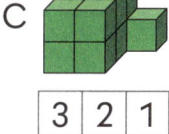

3	2	1
3	2	2
	2	2

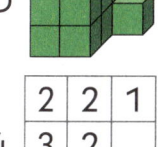

2	2	1
4	3	2
	2	2

8 Baue. Schreibe die Baupläne.

Lagebeziehungen

1 Frau Moll steht vor der Klasse. Sie sieht die Kinder von vorn.

a) Entscheidet, ob ihre Aussagen richtig oder falsch sind.

- Tom sitzt hinter Leo.
- Niklaus sitzt rechts von Lisa.
- Anna sitzt neben Amir.
- Amir sitzt links von Emma.
- Ben sitzt vor Max.
- Klara sitzt zwischen Emma und Ben.

b) Frau Moll überlegt: „Wo sitzt Max?"

c) Stellt euch solche Fragen.

2 a) Wer hat recht?

 Tom sitzt rechts neben mir.

 Mila sitzt rechts neben mir.

b) Was sagen Amir und Emma?

3 Wer bin ich?

- Ich sitze hinter Ben.
- Ich sitze vor Leo.
- Rechts neben mir sitzt Max.
- Ich sitze links von Anna.

4 Wer hat recht?

 Leo sitzt rechts von Anna.

 Leo sitzt links von mir.

1: Standorte der Kinder beschreiben, Begriffe verwenden
2 bis 4: Aussagen überprüfen, sich dabei in die Situation der verschiedenen Personen versetzen (Perspektivwechsel)

5 Wo befinden sich die Spielgeräte?

neben — in der Mitte — rechts von — links von — zwischen

6 Wer hat welches Foto gemacht?

1  2   3  4

7 Wo könnten die Kinder ankommen?

Ben geht immer geradeaus.
Anna geht zuerst geradeaus und biegt dann nach links ab.
Amir geht immer geradeaus. Sein Weg biegt dann nach rechts ab.
Lisa geht geradeaus.

8 Beschreibt die Wege.

Ben möchte zum Tipi.
Anna möchte zur Wippe.
Amir möchte zum Karussell.
Lisa möchte balancieren.

geradeaus · nach rechts · nach links · abbiegen

5: Standorte der Spielgeräte beschreiben
6: Perspektiven der Kinder erkennen
8: Wege beschreiben, dabei Sätze aus Aufgabe 7 als Sprachvorbild verwenden

Addieren – Zweistellige Zahlen und Zehnerzahlen

1

36 + 20 =

2 Lege oder zeichne.

a) 54 + 20	b) 36 + 30	c) 52 + 30	d) 17 + 60	e) 21 + 70
38 + 60	45 + 40	33 + 60	21 + 20	33 + 40
66 + 30	29 + 60	42 + 40	49 + 50	62 + 20
27 + 50	44 + 30	36 + 50	67 + 10	11 + 60

41 66 71 73 74 74 77 77 77 82 82 82 85 86 89 91 93 96 98 99

3

a) 36 + ⬚ = 86	b) 61 + ⬚ = 91	c) 55 + ⬚ = 95
44 + ⬚ = 54	13 + ⬚ = 63	37 + ⬚ = 57
12 + ⬚ = 72	48 + ⬚ = 88	23 + ⬚ = 93
88 + ⬚ = 98	65 + ⬚ = 95	38 + ⬚ = 98

10 10 20 30
30 40 40 50
50 60 60 70

4

a) 30 + 44	b) 40 + 38	c) 50 + 34
20 + 76	50 + 47	30 + 63
10 + 88	70 + 21	20 + 47
60 + 12	80 + 15	30 + 43

Die Tauschaufgabe hilft dir.

67 72 73 74 78 84 91 93 95 96 97 98

5 a) Berechne die Summe aus 46 und 30.
b) Die Summanden sind 40 und 59. Berechne die Summe.
c) Der 1. Summand ist 37. Die Summe ist 67. Berechne den 2. Summanden.

Subtrahieren – Zehnerzahlen von zweistelligen Zahlen

1

2 Lege oder zeichne.

a) 73 – 30	b) 54 – 20	c) 95 – 60	d) 59 – 40	e) 58 – 40
22 – 10	71 – 50	44 – 10	95 – 70	66 – 40
66 – 20	49 – 30	55 – 20	84 – 40	98 – 50
78 – 40	93 – 60	39 – 20	76 – 50	44 – 40

4 12 18 19 19 19 21 25 26 26 33 34 34 35 35 38 43 44 46 48

3

a) 37 – ☐ = 17	b) 81 – ☐ = 31	c) 56 – ☐ = 46	10 20 20 30
98 – ☐ = 58	79 – ☐ = 29	92 – ☐ = 22	30 40 40 50
76 – ☐ = 36	93 – ☐ = 33	69 – ☐ = 39	50 60 60 70
44 – ☐ = 24	66 – ☐ = 36	84 – ☐ = 24	

4
a) Der Minuend ist 87, die Differenz ist 47. Berechne den Subtrahenden.
b) Der Minuend ist 58. Die Differenz ist 38. Berechne den Subtrahenden.

5 Rechne. Was fällt dir auf?

a) 54 – 20	b) 78 – 20	c) 66 – 10
64 – 20	78 – 30	76 – 20
74 – ☐	☐ – 40	86 – ☐
☐ – ☐	☐ – ☐	☐ – ☐

Das sind besondere Aufgaben.

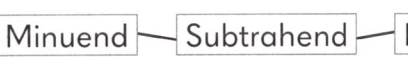

Minuend — Subtrahend — Differenz

Addieren ohne Zehnerübergang

1

Lisa

53 + 25 =
53 + 20 = 73
73 + 5 =

Amir

2 Lege oder zeichne.
a) 26 + 33   b) 21 + 47
   38 + 41   36 + 22
   25 + 32   26 + 62
   36 + 53   42 + 35

3 Löse die besonderen Aufgaben.
a) 21 + 17   b) 23 + 22   c) 14 + 25
   21 + 27   33 + 22   24 + 35
    + 37   43 +   +
    +   +   +

4 Erklärt, wie Leo rechnet.

32 + 16 = 48
30 + 10 = 40
 2 + 6 = 8

5 Rechne wie Leo.
a) 36 + 43   b) 33 + 16
   16 + 62   45 + 34
   51 + 34   31 + 38
   47 + 42   45 + 53

6 Rechne mit deinem Weg.
a) 34 + 25   b) 22 + 33   c) 13 + 24   d) 17 + 31   e) 22 + 44
   18 + 61   45 + 42   33 + 42   21 + 26   31 + 56
   52 + 34   23 + 76   42 + 43   42 + 53   62 + 24
   27 + 41   54 + 13   26 + 52   67 + 12   11 + 63

37 47 48 55 59 66 67 68 74 75 78 79 79 85 86 86 87 87 95 99

7 Finde besondere Aufgaben und löse sie.

1: Aufgaben mit Legematerial und der Strich-Punkt-Darstellung erarbeiten
3: Muster erkennen und fortsetzen, unter Verwendung der Fachbegriffe verbalisieren
4: Beide Summanden erst zerlegen und dann addieren

AH S. 53
ÜH S. 40

Subtrahieren ohne Zehnerübergang

1

Max Mila

54 − 23 =
54 − 20 = 34
34 − 3 =

2 Lege oder zeichne.

a) 22 − 11   b) 76 − 25
   93 − 42   84 − 31
   78 − 35   63 − 42
   44 − 21   78 − 22

3 Löse die besonderen Aufgaben.

a) 85 − 52   b) 35 − 23   c) 68 − 36
   85 − 42   45 − 23   78 − 46
    − 32   55 −   −
    −   −   −

4 Erklärt, wie Klara rechnet.

| 68 − 35 = 33 |
| 60 − 30 = 30 |
| 8 − 5 = 3 |

5 Rechne wie Klara.

a) 87 − 56   b) 96 − 26
   56 − 13   49 − 25
   96 − 33   97 − 55
   76 − 26   35 − 14

6 Rechne mit deinem Weg.

a) 73 − 32   b) 59 − 23   c) 95 − 63   d) 59 − 24   e) 78 − 35
   25 − 13   48 − 35   47 − 23   95 − 13   67 − 15
   66 − 33   82 − 31   55 − 21   84 − 34   98 − 24
   78 − 47   85 − 62   39 − 17   76 − 35   44 − 33

11 12 13 22 23 24 31 32 33 34 35 36 41 41 43 50 51 52 74 82

7 Finde besondere Aufgaben und löse sie.

1: Aufgaben mit Legematerial und der Strich-Punkt-Darstellung erarbeiten
3: Muster erkennen und fortsetzen, unter Verwendung der Fachbegriffe verbalisieren
4: Thematisieren, dass dieser Rechenweg nicht immer funktioniert

Addieren und Subtrahieren ohne Zehnerübergang

1
a) 26 + 43 b) 41 + 37 c) 47 − 25 d) 96 − 54
14 + 44   22 + 72   68 − 57   77 − 22
45 + 22   33 + 31   69 − 38   86 − 25
71 + 28   11 + 44   54 − 43   78 − 54

11	11	22	24
31	42	55	55
58	61	64	67
69	78	94	99

2

| 90 − 24 | 48 − 16 | 99 − 4 | 77 − 45 | 45 + 21 | 51 + 26 |

| 98 − 21 |  32 |  77 | 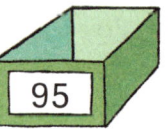 95 |  66 | 83 − 51 |

| 54 + 41 | 32 + 63 | 75 − 43 | 88 − 11 | 42 + 24 | 70 + 25 |

3 Am Mathematikwettbewerb nehmen 32 Kinder der Waldschule und 27 Kinder der Parkschule teil. Wie viele Kinder nehmen insgesamt am Wettbewerb teil?

4

a)

+	32	43	
24		49	
41			76

b)

−	23		44
87		32	
65			34

5 Bilde Aufgabenfamilien.

a) 26 43 69
b) 12 83
c) 36 59
d) _ _ 97
e) _ 75
f) _ _ _

6 Ich denke mir eine Zahl. Zu ihr addiere ich 23 und erhalte 54. Wie heißt meine Zahl?

7 a) 36 + ☐ = 78   b) ☐ + 21 = 67   c) 92 − ☐ = 51   d) ☐ − 23 = 44
   44 + ☐ = 67   ☐ + 33 = 94   86 − ☐ = 33   ☐ − 31 = 48
   52 + ☐ = 89   ☐ + 18 = 59   44 − ☐ = 22   ☐ − 42 = 34
   23 + ☐ = 94   ☐ + 45 = 97   78 − ☐ = 42   ☐ − 12 = 77

   22 23 36 37 41 41 42 46 52 53 61 67 71 76 79 89

8 a) 23 —+→ 35   b) 96 —−→ 31
   16 —+→ 78   83 —−→ 62
   44 —+→ 86   90 —−→ 56
   32 —+→ 64   43 —−→ 21

9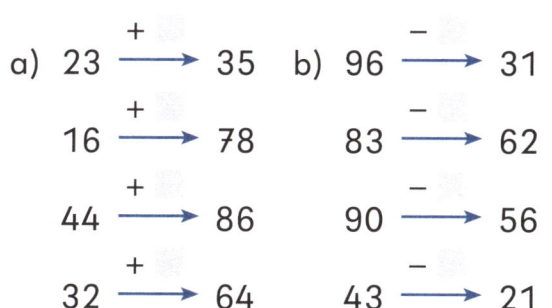

Subtrahiere von 76 die Zahl 25. — Ben
Wenn du zu einer Zahl 54 addierst, erhälst du 86. — Amir

10 a)  21 13 32

b) 43 12 22

c) 89 / 33 / 22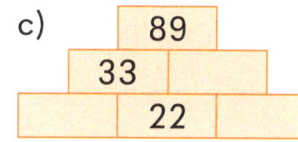

11 Setze das richtige Zeichen ein: < , > , =.

a) 42 + 17 ☐ 60   b) 59 − 36 ☐ 25   c) 35 ☐ 24 + 11
   24 + 25 ☐ 44   78 − 47 ☐ 31   86 ☐ 99 − 23
   44 + 33 ☐ 77   35 − 24 ☐ 12   63 ☐ 41 + 32
   51 + 44 ☐ 90   99 − 48 ☐ 32   43 ☐ 77 − 32

Du musst nicht immer rechnen.

12 Finde Additionsaufgaben und Subtraktionsaufgaben.

| 23 | 72 | 43 | 45 | 21 |
| 54 | 32 | 18 | 6 | 36 |

Sachaufgaben – Skizzen

1 Auf dem Bauernhof leben 6 Hühner. Wie viele Beine haben sie zusammen?

a) Welche Skizze passt zur Aufgabe?

b) Löse die Aufgabe.

? Ich frage: Wie viele Beine haben sie zusammen?

= Ich rechne: ☐ ☐ ☐ = ☐

💬 Ich antworte: ☐ Beine haben sie zusammen.

2 Auf dem Parkplatz stehen 5 Autos. Wie viele Räder haben sie zusammen?

a) Welche Skizze passt zur Aufgabe?

b) Löse die Aufgabe.

3 Klara pflückt 5 Blumen und Max pflückt 2 Blumen mehr als Klara. Wie viele Blumen haben sie zusammen?

a) Welche Skizze passt zur Aufgabe?

b) Löse die Aufgabe.

4 Welche Skizze passt zur Aufgabe? Begründe.

a) 12 + 3 = 15   A 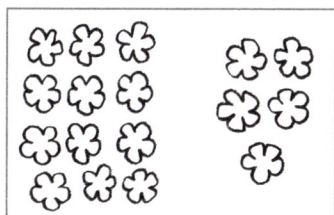   B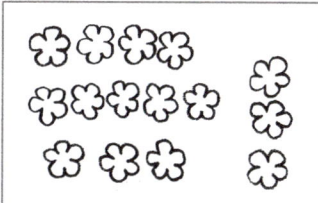

b) 15 − 8 = 7   A 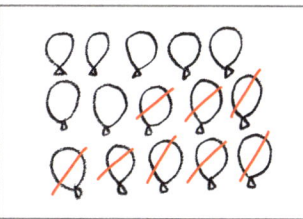   B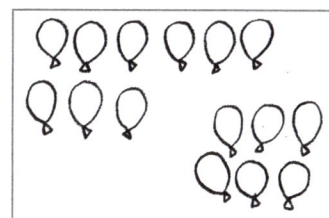

c) 4 · 6 = 24   A 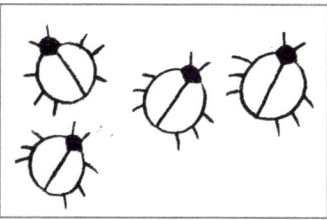   B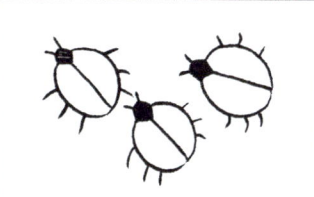

d) 20 : 5 = 4   A    B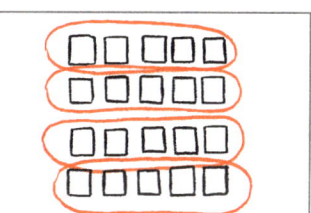

5 Löse die Aufgaben mithilfe einer Skizze.

a) Auf dem Hof leben 4 Hunde. Wie viele Beine haben sie?
b) Im Streichelzoo sind 5 Ziegen und 3 Hühner. Wie viele Beine sind es zusammen?
c) Auf der Wiese stehen 5 Bäume. Auf jedem Baum sitzen 3 Vögel. Wie viele Vögel sitzen auf den Bäumen?
d) Von 14 Erdbeeren werden 5 aufgegessen. Wie viele Erdbeeren sind noch übrig?

6 Zeichne eine Skizze.
Ein anderes Kind findet eine passende Aufgabe.

BIST DU FIT?

1 Welche Körper sind es?

a) Der Körper hat 12 Kanten, 8 Ecken und 6 Flächen. Die Flächen sind Quadrate.

b) Der Körper hat 12 Kanten, 8 Ecken und 6 Flächen. Die Flächen sind Rechtecke.

c) Der Körper hat keine Ecken und Kanten. Er hat eine Fläche.

2 Welcher Bauplan passt zu welchem Gebäude?

A    B    C    D

1 | 3 | 1 |
  | 2 | 1 | 1 |

2 | 3 | 1 |
  | 1 | 1 | 1 |

3 | 2 | 3 | 1 |
       | 1 | 1 |

4 | 2 | 3 |
  | 1 | 1 | 1 |

3 Schreibe die Baupläne.

a)    b)    c)    d)

4
a) 46 + 50
21 + 10
20 + 76
38 + 60

b) 22 + ☐ = 72
33 + ☐ = 93
☐ + 50 = 85
☐ + 30 = 74

c) 45 − 30
91 − 70
66 − 50
52 − 40

d) 72 − ☐ = 42
54 − ☐ = 14
☐ − 60 = 38
☐ − 40 = 45

5
a) 36 + 23
44 + 52
28 + 61
52 + 25

b) 74 − 52
88 − 43
67 − 35
53 − 22

c) 42 + ☐ = 68
51 + ☐ = 85
96 − ☐ = 54
75 − ☐ = 23

FREUNDESEITE

Rechenspiele

1 Löse die Aufgaben und trage die Lösungen in das Bingofeld ein.

Die Kinder legen beim Kontrollieren ein Plättchen auf die richtige Lösungszahl. Wer zuerst 3 Plättchen nebeneinander, untereinander oder diagonal hat, gewinnt.

| 36 + 43 | 21 + 54 | 36 − 15 | 72 − 51 | 66 + 22 |

| 55 + 42 | 95 − 54 | 42 + 17 | 84 − 32 |

2 Finde möglichst viele Aufgaben.

16　17　20　28　42　46　55　68

3　4　7　8　15
20　24　28　35　40

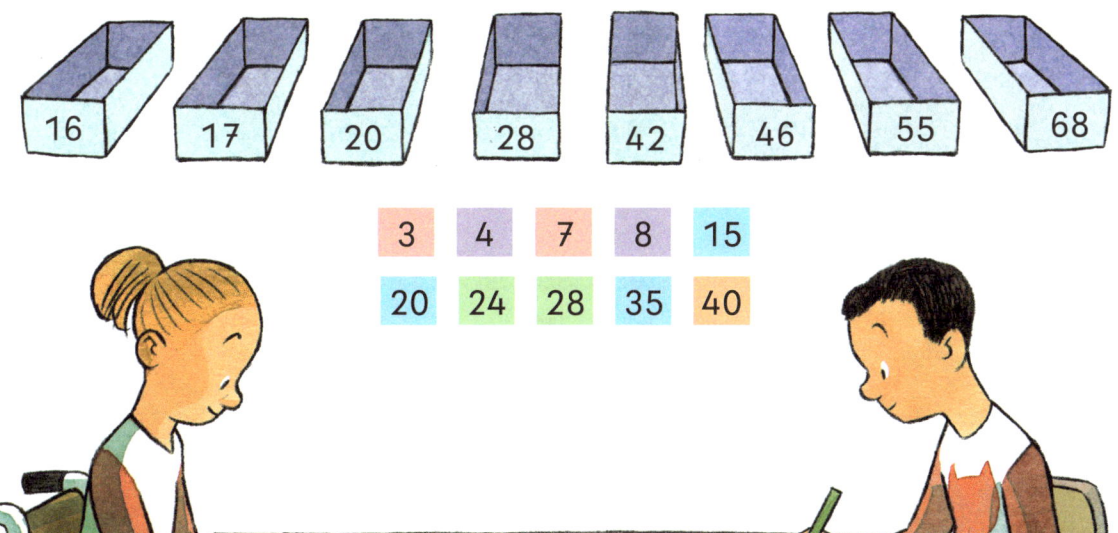

Symmetrische Figuren

1 Stelle Faltschnitte her.

Die Faltlinie heißt Spiegelachse oder Symmetrieachse.

MERKE DIR

Eine Figur ist **symmetrisch**, wenn beide Hälften deckungsgleich sind. Sie spiegeln sich an der Spiegelachse (Symmetrieachse).

Symmetrieachse

2 Betrachte die Fotos. Was stellst du fest?

   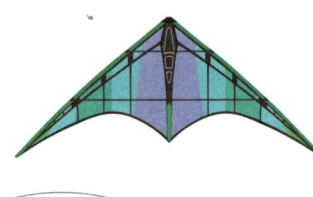

Sind die Dinge wirklich symmetrisch?

3 Sucht symmetrische Bilder und gestaltet eine Ausstellung.

4 Welche Figuren sind symmetrisch? Prüfe mit dem Spiegel.

a) 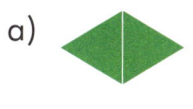 b) 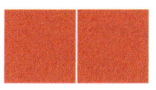 c)  d)

e)  f)  g)

h)  i)  j)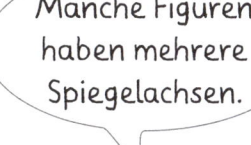

Manche Figuren haben mehrere Spiegelachsen.

k)  l)  m)

5 Lege die Figur. Lege das Spiegelbild dazu. Überprüfe mit dem Spiegel.

a)  b)  c)  d)

6 Experimentiere mit dem Spiegel. Wie entstehen diese Bilder?

a)

b)

c)

Addieren mit Zehnerübergang

1

Klara

Ich zerlege den 2. Summanden. Dann addiere ich die Zehner und danach die Einer.

Amir

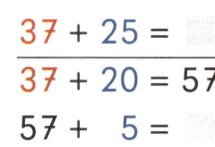

37 + 25 =
37 + 20 = 57
57 + 5 =

2 Lege und rechne.

a) 54 + 27	b) 26 + 15	c) 36 + 25	d) 38 + 27	e) 36 + 59
38 + 43	48 + 26	45 + 37	67 + 25	29 + 43
27 + 36	78 + 14	72 + 19	38 + 53	57 + 18
49 + 14	37 + 25	27 + 56	27 + 27	43 + 28

41 53 61 62 63 64 65 71 72 74 75 81 81 82 83 91 91 92 92 95

3 Erklärt, wie Anna rechnet.

47 + 28 = 75
40 + 20 = 60
 7 + 8 = 15

4 Rechne wie Anna.

a) 44 + 28	b) 36 + 39
53 + 28	29 + 26
79 + 15	49 + 37
66 + 26	44 + 39

5 a)

| 26 | 15 | 29 |

b)

| 37 | 13 | 28 |

c)

| 23 | 19 | 34 |

6  Mila

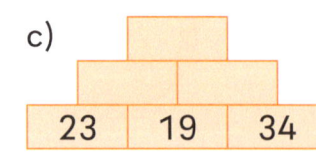 Ben

Ein Summand ist 28. Der andere Summand ist der Vorgänger von 50. Berechne die Summe.

Ein Summand ist 43. Der andere Summand ist um 8 größer. Berechne die Summe.

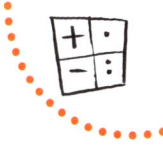

7 Löse die besonderen Aufgaben.

a) 37 + 8
37 + 18
37 + 28
     + 38

b) 24 + 37
24 + 47
     + 57
     +

c) 48 + 14
48 + 24
     + 34
     +

d) 34 + 28
44 + 28
54 +
     +

e) 16 + 35
26 + 35
36 +
     +

8 Finde passende Additionsaufgaben.

1. Summand	2. Summand	Summe
34 56 28 49 24	37 59 27 48 36	83 85 93 61 76

9 Erklärt, wie Max rechnet.

23 + 14 + 7 =
23 + 7 = 30
30 + 14 =

Ich addiere zuerst 23 + 7 = 30 und dann 30 + 14.

10 Wie rechnest du?

a) 23 + 7 + 12
44 + 15 + 6
67 + 8 + 22
16 + 16 + 4

b) 26 + 50 + 4
20 + 24 + 6
31 + 45 + 9
22 + 8 + 35

c) 38 + 12 + 44
26 + 15 + 34
42 + 25 + 18
14 + 27 + 26

d) 57 + 18 + 23
35 + 25 + 19
36 + 24 + 37
35 + 23 + 37

36 42 50 65 65 67 75 79 80 85 85 94 95 97 97 98

11 Am Sportfest der Regenbogenschule nehmen 38 Kinder aus den 1. Klassen und 47 Kinder aus den 2. Klassen teil.

7: Muster erkennen, ergänzen und unter Verwendung der Fachbegriffe verbalisieren
9 und 10: Erste Teilrechnung so wählen, dass das Ergebnis eine Zehnerzahl ist, Vorteile dieses Rechenwegs thematisieren

AH S. 59

Subtrahieren mit Zehnerübergang

1

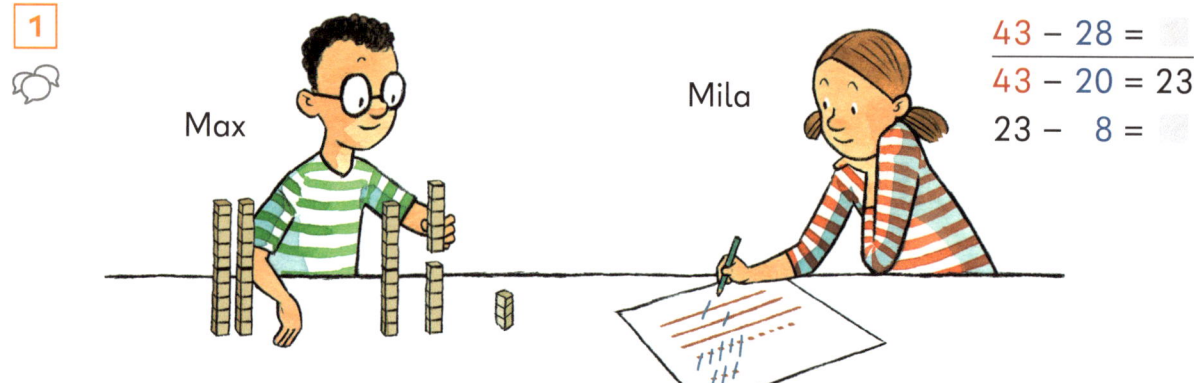

Max   Mila

43 − 28 =
43 − 20 = 23
23 − 8 =

2 Lege und rechne.

a) 47 − 18	b) 56 − 27	c) 54 − 16	d) 53 − 37	e) 84 − 26
93 − 35	88 − 19	76 − 38	64 − 45	71 − 32
44 − 27	83 − 36	81 − 15	72 − 27	95 − 38
61 − 13	95 − 27	47 − 28	36 − 18	83 − 28

16 17 18 19 19 29 29 38 38 39 45 47 48 55 57 58 58 66 68 69

3
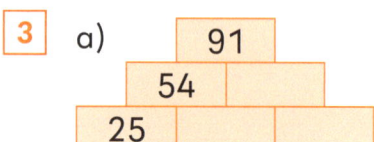

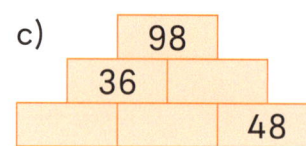

a) 91 / 54 / 25   b) 72 / 39 14   c) 98 / 36 / 48

4 Löse die besonderen Aufgaben.

a) 96 − 8
   96 − 18
   96 − 28
   ⬚ − ⬚

b) 64 − 7
   64 − 17
   ⬚ − 27
   ⬚ − ⬚

5 Rechne. Kontrolliere mit der Umkehraufgabe.

a) 75 − 46	b) 88 − 29	c) 68 − 29
38 − 19	92 − 35	63 − 54
53 − 26	78 − 59	87 − 58
71 − 37	64 − 34	74 − 37

6 Bilde Aufgabenfamilien.

a)    47   93
b)   59   85
c)    86   38

7
a) 93 —−26→   b) 72 —−58→   c) 41 —−→ 26   d) —−16→ 38
   77 —−38→   94 —−45→   76 —−→ 39   —−25→ 67
   91 —−24→   84 —−26→   93 —−→ 54   —−43→ 39

 14 15 37 39 39 49 54 58 67 67 82 92

8 a) Immer 3 Aufgaben haben das gleiche Ergebnis. Schreibe sie auf.
 b) Kontrolliere mit einem anderen Kind.

| 26 − 18 | 33 − 25 | 93 − 54 | 85 − 46 | 54 − 27 | 91 − 56 |

| 73 − 25 | 64 − 29 | 77 − 29 |

| 64 − 56 | 66 − 39 | 84 − 49 | 83 − 35 | 62 − 23 | 81 − 54 |

9 Erklärt, wie Lisa rechnet.

84 − 26 − 4 =
     84 − 4 = 80
     80 − 26 =

Ich subtrahiere zuerst 84 − 4 = 80 und dann 80 − 26.

10 Wie rechnest du?
a) 92 − 2 − 35   b) 78 − 29 − 8   c) 83 − 29 − 13   d) 86 − 18 − 26
   83 − 25 − 3   93 − 26 − 3   65 − 31 − 25   73 − 25 − 23
   76 − 27 − 6   54 − 4 − 31   55 − 19 − 15   92 − 32 − 26
   97 − 38 − 7   89 − 23 − 9   44 − 12 − 24   91 − 16 − 41

11

Max: Der Minuend ist 47, der Subtrahend 19. Berechne die Differenz.

Ben: Berechne die Differenz, wenn der Minuend 36 und der Subtrahend 17 ist.

9 und 10: Erste Teilrechnung so wählen, dass das Ergebnis eine Zehnerzahl ist, Vorteile dieses Rechenwegs thematisieren

Addieren und Subtrahieren mit Zehnerübergang

1
a) 26 + 39
44 + 17
38 + 46
22 + 19

b) 45 + 37
22 + 49
67 + 25
16 + 25

c) 82 – 46
71 – 25
44 – 19
76 – 28

d) 77 – 48
54 – 26
98 – 38
91 – 56

e) 33 – 16
88 – 19
76 – 38
36 – 17

17 19 25 28 29 35 36 38 41 41 46 48 60 61 65 69 71 82 84 92

2
25 + 53   49 + 29   85 – 28   26 + 52   29 + 14   81 – 38

100 – 37   [78]   [43]   [57]   [63]   100 – 22

26 + 31   39 + 39   39 + 24   87 – 44   18 + 39   92 – 29

3 Wie geht es weiter? Finde die Regel.

a) 13 25 37 ☐ … 97   Immer ☐ mehr.
    9 27 ☐ ☐ … 99   Immer ☐ _____ .
   11 25 ☐ ☐ … 95   Immer ☐ _____ .

b) 92 76 60 ☐ … 12   Immer ☐ weniger.
   100 87 ☐ ☐ … 9   Immer ☐ _____ .
    93 81 ☐ ☐ … 9   Immer ☐ _____ .

4 Finde eigene Reihen.

5

Max: Wenn du zu meiner Zahl 54 addierst, erhälst du 93. Wie heißt meine Zahl?

Klara:

Wenn du von meiner Zahl 57 subtrahierst, erhälst du 36. Wie heißt meine Zahl?

6 a) 12 + 8 + 27   b) 93 − 3 − 16   c) 36 + 18 + 44   Rechenvorteile nutzen
   44 + 25 + 6   87 − 25 − 7   54 + 26 + 13
   28 + 43 + 12   78 − 18 − 41   89 − 19 − 66
   36 + 13 + 24   66 − 25 − 16   73 − 24 − 23

   4 19 25 26 47 55 73 74 75 83 93 98

7 Bilde Aufgabenfamilien.
   a) 25   38   63   b) 44   35   c) 54
   d) 39   72   e)   54   92   f)      85

8 a) 36 + __ = 72   b) __ + 25 = 63   c) 83 − __ = 39   d) __ − 54 = 17
      44 + __ = 81   __ + 37 = 72   92 − __ = 76   __ − 49 = 22
      29 + __ = 52   __ + 46 = 85   54 − __ = 27   __ − 35 = 46
      18 + __ = 76   __ + 18 = 27   66 − __ = 19   __ − 28 = 54

   9 16 23 27 35 36 37 38 39 44 47 58 71 71 81 82

9

Kinder der Sonnenschule				
Klasse	a	b	c	Summe
1	23	21	24	
2	19		20	57
3		18	19	56
4	16	19	18	

a) Wie viele Kinder lernen in den 1. Klassen?
b) Wie viele Kinder lernen in der 2b?
c) Wie viele Kinder hat die 3a?
d) Wie viele Kinder lernen in den 4. Klassen?
e) Wie viele Jungen lernen in der Sonnenschule?

10 Lisa: Wenn du das Doppelte einer Zahl bildest, erhälst du 48.

Anna: Die Zahl ist um 24 größer als 38.

Leo: Die Zahl ist um 22 größer als das Doppelte von 14.

Addieren und Subtrahieren mit Zehnerübergang

1

a) 51
37 +
33 +
   + 5
25 +

b)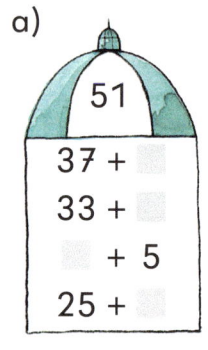
24 +
   + 42
59 + 32
11 +

c) 36
91 −
55 −
   − 1
   − 27

d)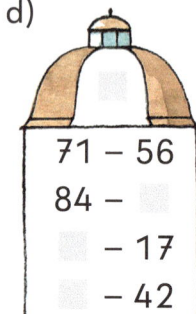
71 − 56
84 −
   − 17
   − 42

2 Löse die Aufgaben. Finde das Lösungswort.

38	85	44	33	81	9	95	55
G	E	S	L	N	A	U	H

a) 39 + 16
66 + 29
19 + 36
53 + 28

b) 84 − 46
87 − 78
100 − 19
70 − 26

c) 26 + 59
62 − 18
37 + 48
72 − 39

d) 74 − 19
81 − 72
26 + 18
67 + 18

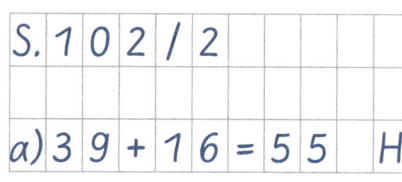

3

a) 75, 5, 32, 67, 99, 31, 39, 33

b) 29, 31, 74, 77, 27, 23, 30, 54

c) 2, 71, 12, 66, 83, 78, 53, 40

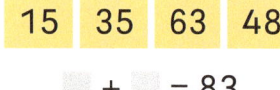

3 5 17 24 30 43 46 47 48 50 60 66 68 81 94

4 Finde eine passende Aufgabe.

| 15 | 35 | 63 | 48 |

__ + __ = 83

| 22 | 81 | 48 | 44 |

__ + __ = 92

| 56 | 44 | 65 | 18 |

__ + __ = 74

| 38 | 28 | 56 | 76 |

__ − __ = 38

| 51 | 100 | 41 | 89 |

__ − __ = 49

| 21 | 89 | 79 | 58 |

__ − __ = 68

5 Setze das richtige Zeichen ein: <, >, =.

a) 26 + 35 ◯ 51
   19 + 27 ◯ 64
   19 + 58 ◯ 77
   48 + 32 ◯ 80

b) 77 − 55 ◯ 33
   63 − 29 ◯ 35
   82 − 35 ◯ 47
   91 − 52 ◯ 38

c) 65 ◯ 23 + 45
   56 ◯ 81 − 35
   37 ◯ 74 − 47
   84 ◯ 36 + 48

6

a)
+	29	28	17
15			54
49			

b)
−	17	25	36
84			36
62			

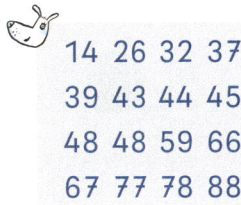

14 26 32 37
39 43 44 45
48 48 59 66
67 77 78 88

7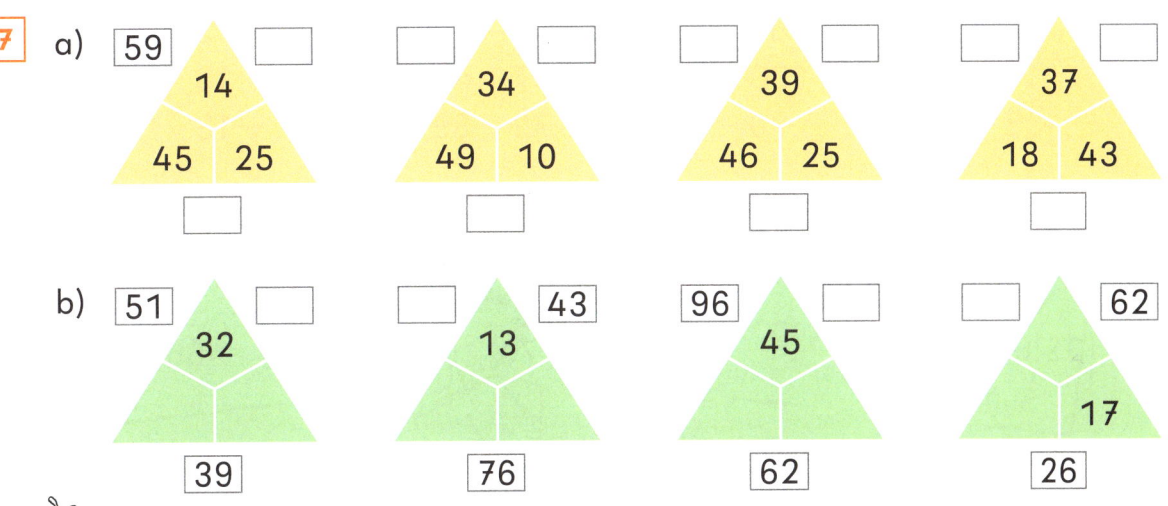

9 11 19 20 30 39 44 45 46 51 52 54 55 56 59 59 61 64 70 71 80 83 85

8 Finde jeweils eine Frage, Rechnung und Antwort.
a) Oma schenkt Lisa zum Geburtstag 25 €. Sie hat schon 29 € gespart.
b) Lisa möchte sich Inlineskates für 82 € kaufen.
c) Ihre Eltern kaufen ihr einen Helm für 28 € und Schützer für 16 €. Sie bezahlen mit einem 50 €-Schein.

7: Benachbarte Zahlen im Dreieck addieren; bei Aufgabe b) fehlende Zahlen über Tausch- und Umkehraufgaben finden
8: Über eigenes Kaufverhalten reflektieren

BIST DU FIT?

1 a) 24 + 38   b) 48 + ☐ = 93   c) 42 – 17   d) 82 – ☐ = 19
        16 + 66   29 + ☐ = 46   64 – 18   74 – ☐ = 38
        58 + 25   13 + ☐ = 92   71 – 12   72 – ☐ = 46
        29 + 67   34 + ☐ = 81   85 – 68   81 – ☐ = 69

2 Bilde Aufgabenfamilien.

a)    b) 28 93   c) ⬤ 36 82

3 Rechne vorteilhaft.

a) 43 + 23 + 7   b) 53 – 24 – 3
   37 + 3 + 47   75 – 5 – 35
    8 + 28 + 32   96 – 24 – 6
   18 + 24 + 6   87 – 27 – 28

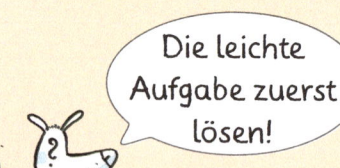
Die leichte Aufgabe zuerst lösen!

4

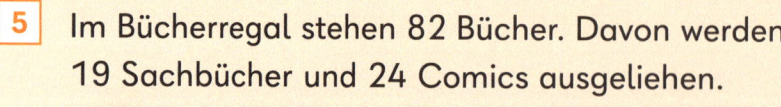
Welche Zahl muss ich zu 38 addieren, wenn die Summe 64 ist? — Anna

Ich denke mir eine Zahl. Ich subtrahiere 36 und erhalte 39. — Amir

5 Im Bücherregal stehen 82 Bücher. Davon werden 19 Sachbücher und 24 Comics ausgeliehen.
a) Wie viele Bücher werden insgesamt ausgeliehen?
b) Wie viele Bücher sind noch im Regal?

6 a) 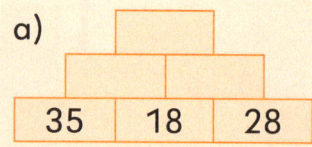   b)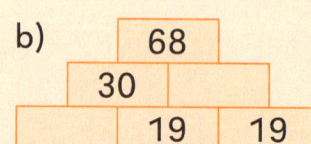

FREUNDESEITE

Freunde-Spiel

Ihr braucht einen Würfel und Spielfiguren.
Würfle, rücke vor und löse die Aufgabe.
Ein anderes Kind kontrolliert. Hast du richtig gerechnet, darfst du einen Schritt vorrücken.

START → 56 + 28 | 31 + 9 | 49 − 32 | 18 + 23 | 52 − 27 | 80 − 44 | 37 − 29 | 36 + 45 | 81 − 25 | 48 + 35 | 33 + 66 | 64 + 19 | 69 − 39 | 44 + 9 | 81 − 63 | 98 − 65 | 77 − 49 | 53 − 35 | 28 + 16 | 65 − 46 | 31 + 48 | 75 − 46 | 33 + 28 | 16 + 46 | 18 + 24 | 66 + 15 | 56 − 0 | 63 + 21 | 37 + 25 | 92 − 22 | 37 + 25 | 26 + 18 | 48 − 29 | 88 − 35 | 85 − 26 → **ZIEL**

Mit Spielfigur vorrücken, auf den Leiterfeldern darf entsprechend gerutscht werden
KV 14 (HRU) nutzen, um Aufgaben im Schwierigkeitsgrad anzupassen

Uhrzeit

1

Max: Der kleine **rote Zeiger** ist der **Stundenzeiger**.

Amir: Der große **blaue Zeiger** ist der **Minutenzeiger**.

ERINNERE DICH

Ein Tag hat **24 Stunden**.
Er beginnt um 0 Uhr
und endet 24 Uhr.

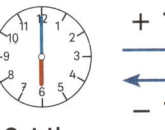 + 12 Stunden
6 Uhr   − 12 Stunden   18 Uhr

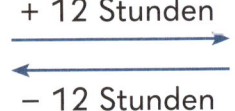

---

2 Wie spät ist es?
Gib immer die Vormittagszeit und die Nachmittagszeit an.

a)    b) 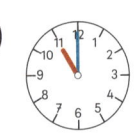   c)    d)    e)

3

Anna: Seit **17:00 Uhr** sind **5 Minuten** vergangen.

Ben: Es ist **17:05 Uhr**.

MERKE DIR

Der Minutenzeiger benötigt von einem **Teilstrich** zum nächsten genau **fünf Minuten**.

Eine Stunde hat 60 Minuten.
1 h = 60 min

 5 min    60 min = 1 h

---

4 Auf welcher Zahl steht der Minutenzeiger?

a) nach 10 min   b) nach 20 min   c) nach 50 min
d) nach 35 min   e) nach 45 min   f) nach 15 min

5

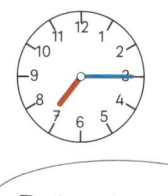  

Es ist viertel 8.

Es ist halb 8.

Es ist dreiviertel 8.

Eine Viertelstunde sind 15 Minuten.

Eine halbe Stunde sind 30 Minuten.

Eine Dreiviertelstunde sind 45 Minuten.

6 Wie spät ist es? Gib jeweils die Vormittagszeit und die Nachmittagszeit an.

a)  b)  c)  d)  e)

f)  g)  h)  i)  j)

7 Stelle folgende Uhrzeiten auf deiner Lernuhr ein.
Ein anderes Kind kontrolliert.

a) 6:05 Uhr   9:30 Uhr   20:40 Uhr   0:25 Uhr   18:45 Uhr

b) halb 9   viertel 6   dreiviertel 12   halb 2   viertel 10   dreiviertel 5

8 Nenne eine Uhrzeit. Ein anderes Kind stellt sie ein, du kontrollierst.
Wechselt dann.

9 Wie gibt man Uhrzeiten in anderen Regionen an?

Zeitpunkt und Zeitdauer

1 Wie viele Minuten dauern folgende Tätigkeiten ungefähr? Schätze zuerst. Miss dann die Zeit.

a) Singe ein Lied.
b) Schreibe die Vornamen deiner Klassenkameraden auf.
c) Zähle von 0 bis 100.
d) Wasche dir die Hände.
e) Denke dir weitere Tätigkeiten aus.

2 Wie lange dauert es?

a) eine Unterrichtsstunde   b) die Frühstückspause   c) eine Hofpause
d) deine Lieblingsserie   e) dein Schulweg   f) deine Schlafenszeit

3 a) Wie lange hat die Bibliothek jeden Vormittag geöffnet?
b) Wie lange hat sie nachmittags geöffnet?
c) Wie viele Stunden hat die Bibliothek am Mittwoch geöffnet?
d) Wie viele Stunden hat sie in einer Woche geöffnet?

Bibliothek Öffnungszeiten:
Montag bis Freitag
8:00 Uhr bis 12:00 Uhr
15:00 Uhr bis 18:00 Uhr

4 Ergänze zur nächsten vollen Stunde. Nutze deine Lernuhr.

a) 8:30 Uhr —+ 30 min→ 9:00 Uhr   b) 6:50 Uhr —+ min→ 7:00 Uhr
c) 18:45 Uhr —+ min→ 19:00 Uhr   d) 20:10 Uhr —+ min→ 21:00 Uhr
e) 11:40 Uhr —+ min→ Uhr   f) 8:15 Uhr —+ min→ Uhr

5 Jetzt ist es 19:15 Uhr.
Amir geht um 20:00 Uhr schlafen.

Zeitangaben in Sachaufgaben

1

Schulfest
Samstag von 10:00 Uhr bis 18:00 Uhr

10:00 Uhr bis 12:00 Uhr	Lustige Olympiade
12:00 Uhr bis 13:00 Uhr	Zaubershow „Hokus Pokus"
13:30 Uhr bis 14:00 Uhr	Bingo
15:15 Uhr bis 16:00 Uhr	Tombola
16:00 Uhr bis 18:00 Uhr	Gocart-Rennen
10:00 Uhr bis 17:00 Uhr	Bastelstraße

a) Wann beginnt das Schulfest?
b) Wie lange dauert das Schulfest?
c) Wann endet die Lustige Olympiade?
d) Wie lange dauert die Tombola?
e) Wie lange können die Kinder basteln?
f) Stellt euch weitere Fragen zum Schulfest.

2

Puppentheater in der Stadt

Vorstellungen
Freitag: 14:00 Uhr bis 16:00 Uhr
17:00 Uhr bis 19:00 Uhr
Samstag: 10:00 Uhr bis 12:00 Uhr
14:00 Uhr bis 16:00 Uhr
Sonntag: 10:00 Uhr bis 12:00 Uhr

Eintritt:
Erwachsene: 8 Euro
Kinder: die Hälfte

a) An welchen Tagen findet keine Vorstellung statt?
b) Wie lange dauert eine Vorstellung?
c) Wie viel bezahlen 2 Erwachsene und 2 Kinder?
d) Eine halbe Stunde vor Vorstellungsbeginn wird das Zelt geöffnet.
   Wann wird es am Samstag geöffnet?

Zeitangaben in Sachsituationen erkennen, mit Größenangaben rechnen, bei Bedarf Uhrmodell nutzen

Multiplizieren mit 4

1 Wie viele Räder haben die Autos?

Es sind 5 Zeilen mit je 4 Punkten.

4 + ■ + ■ + ■ + ■ = ■

■ · ■ = ■

2 Zeige am Punktefeld.
Schreibe die Plusaufgabe und die Malaufgabe.

a) 2 · 4   b) 5 · 4   c) 3 · 4   d) 6 · 4

3 Rechne Aufgabe und Tauschaufgabe.

a) 4 · 1   b) 4 · 2   c) 4 · 5   d) 4 · 10
   1 · 4   ■ · ■   ■ · ■   ■ · ■

Das sind die Kernaufgaben.

4 Schreibe die Malfolge der 4 auf.
Markiere die Kernaufgaben.

0 · 4 = 0   6 · 4 = ■
1 · 4 = 4   7 · 4 = ■
2 · 4 = ■   8 · 4 = ■
3 · 4 = ■   9 · 4 = ■
4 · 4 = ■   10 · 4 = ■
5 · 4 = ■

5 Finde die Nachbaraufgaben.

a) 1 · 4   b) 2 · 4
   [2 · 4]   [3 · 4]
    3 · 4   ■ · 4

c) ■ · 4   d) ■ · 4
   [5 · 4]   [7 · 4]
    ■ · 4   ■ · 4

6 Verdopple und rechne.

a) 1 · 4   b) 2 · 4   c) 3 · 4   d) 5 · 4
   2 · 4   ■ · 4   ■ · 4   ■ · 4

7 a) ■ · 4 = 16   b) ■ · 4 = 24   c) ■ · 4 = 8   d) ■ · 4 = 36
      ■ · 4 = 12   ■ · 4 = 40   ■ · 4 = 20   ■ · 4 = 32

Dividieren durch 4

1 Für wie viele Autos reichen die Räder?

12 : 4 =

☐ · 4 = 12

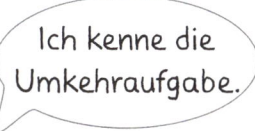
Ich kenne die Umkehraufgabe.

2 Wie viele Türme werden es?
Löse mit der Umkehraufgabe.

immer ▮   a) 32 Steine   b) 24 Steine
             c) 20 Steine   d) 28 Steine

S. 111 / 2

a) 3 2 : 4 =
       ☐ · 4 =

3 a) 4 : 4   b) 24 : 4
        8 : 4   28 : 4
       12 : 4   32 : 4
       16 : 4   36 : 4
       20 : 4   40 : 4

Die Umkehraufgabe hilft.

4 a) 4 : 4   b) 24 : 4
       20 : 4   16 : 4
       28 : 4   40 : 4
       12 : 4   36 : 4
        8 : 4   32 : 4

5 a) 16 : 2   b) 8 : 2   c) 20 : 2   d) 12 : 2
        16 : 4   8 : 4   20 : 4   12 : 4

Was fällt dir auf?

6 In der Klasse 2b sind 24 Kinder.
Sie sollen in Gruppen zu je 4 Kinder
eingeteilt werden.
Wie viele Gruppen werden es?

7 Max verteilt 36 Sticker gleichmäßig an 4 Kinder.
Wie viele Sticker bekommt jedes Kind?

1: Situation besprechen, Multiplikation mit 2 (Umkehraufgabe) zum Lösen der Division nutzen
5: Aufgaben bei Bedarf nachlegen: Verdoppelt sich der Divisor, wird der Quotient halb so groß.
6 und 7: Sachverhalte Divisionsgleichungen zuordnen

AH S. 68
ÜH S. 53

Multiplizieren mit 8

1 Wie viele Zimtschnecken sind es?

2 · 4 =
2 · 8 =

Ich verdopple.

2 Verdopple und rechne.

a) 10 · 4
    10 · 8

b) 4 · 4
      · 8

c) 3 · 4
      ·

d) 6 · 4
      ·

e) 5 · 4
      ·

3 Schreibe die Malfolge der 8 auf. Markiere die Kernaufgaben.

4 Finde die Nachbaraufgaben.

a) 2 · 8
    [3 · 8]
      · 8

b)   · 8
    [5 · 8]
      · 8

c)   · 8
    [7 · 8]
      · 8

d)   · 8
    [10 · 8]

5 Rechne Aufgabe und Tauschaufgabe.

a) 8 · 2
    8 · 0
    8 · 1

b) 8 · 10
    8 · 5
    8 · 4

6 Wie viele Beine haben die Spinnen?

a) 3 Spinnen
b) 8 Spinnen
c) 6 Spinnen

7 a)   · 8 = 16
       · 8 = 56

b)   · 8 = 48
   · 8 = 72

c)   · 8 = 40
   · 8 = 32

d)   · 8 = 80
   · 8 = 64

8 a) Der 1. Faktor ist 6. der 2. Faktor ist 8. Berechne das Produkt.
b) Der 2. Faktor ist 8. Das Produkt ist 72. Berechne den 1. Faktor.

Faktor — Faktor — Produkt

Dividieren durch 8

1 Es sind 24 Kekse. Wie viele Teller braucht Anna?

Ich lege immer 8 Kekse auf einen Teller.

24 : 8 =
☐ · 8 = 24

2 Löse mit der Umkehraufgabe.

a) 16 : 8
   8 : 8
  40 : 8

b) 56 : 8
   48 : 8
   80 : 8

c) 72 : 8
   64 : 8
   32 : 8

S. 113 / 2
a) 16 : 8 =
   ☐ · 8 =

3 Bilde Aufgabenfamilien.

a) 8 7 ☐
b) 8 ☐ 72
c) 32 8 ☐
d) 3 8 ☐
e) 8 48 ☐
f) 8 ☐ 40

4 16, 12, 32, 26, 52, 48, 64, 24, 68, 42, 72, 20, 30, 40

a) Welche Zahlen kannst du durch 8 teilen?
b) Welche Zahlen kannst du durch 4 teilen?
c) Welche Zahlen kannst du durch 4 und 8 teilen?

5 In der Gondel eines Riesenrades können 8 Personen sitzen. Wie viele Gondeln werden voll besetzt?

a) 48 Personen
b) 72 Personen
c) 56 Personen

Multiplizieren und Dividieren

1
a) 7 · 2   b) 7 · 4   c) 80 : 10   d) 30 : 5
   3 · 8   9 · 2   18 : 2   28 : 4
   5 · 4   10 · 8   20 : 5   12 : 2
   6 · 2   7 · 8   16 : 4   64 : 8
   6 · 5   5 · 5   24 : 8   14 : 2

3 4 4 6 6 7
7 8 8 9 12
14 18 20 24
25 28 30 56
80

2
a) Blume mit · 8: 9, 7, 5, 3, 6, 10

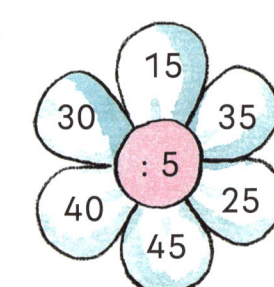

1 3 3 4 5 6 6 7 7 8 9 9 24 40 48 56 72 80

3
a) 4 · 2   b) 6 · 2   c) 16 : 2   d) 8 : 2
   4 · 4   6 · 4   16 : 4   8 : 4
   4 · 8   6 · 8   16 : 8   8 : 8

Was stellst du fest?

4 Richtig oder falsch? Berichtige die Fehler im Heft.

a) 7 · 4 = 28   b) 8 · 8 = 48   c) 45 : 5 = 8   d) 50 : 10 = 5
   3 · 8 = 22   7 · 2 = 14   16 : 2 = 8   48 : 8 = 6
   6 · 5 = 40   9 · 4 = 38   32 : 4 = 9   24 : 4 = 6
   4 · 4 = 16   6 · 8 = 42   72 : 8 = 9   35 : 5 = 5

5
a) Berechne das Produkt aus 7 und 8.
b) Der 1. Faktor ist 8, der 2. Faktor ist 6. Berechne das Produkt.
c) Der Dividend ist 48. Der Divisor ist 8. Berechne den Quotienten.

Dividend ——— Divisor ——— Quotient

1 und 2: Aufgaben handelnd lösen oder Strategien zur Lösung anwenden
3: Verdopplung bzw. Halbierung der Ergebnisse erkennen

6 a)

·	3	1	9	6	8
2					
5					

b)

·	4	7		0
4			32	
8				48

7 a) 2 : 2   b) 0 : 4   c) 24 : 8   d) 15 : 5   *Wie geht es weiter?*
    4 : 2   4 : 4   32 : 8   20 : 5
    6 : ▓   8 : ▓   40 : ▓   25 : ▓
    ▓ : ▓   ▓ : ▓   ▓ : ▓   ▓ : ▓

8 a) 3 · ▓ = 15   b) 9 · ▓ = 36   c) ▓ · 4 = 16   d) ▓ · 8 = 48
    7 · ▓ = 56   8 · ▓ = 64   ▓ · 5 = 30   ▓ · 8 = 40

9 a) ▓ : 8 = 9   b) ▓ : 4 = 8   *Ich löse mit der Umkehraufgabe.*
    ▓ : 8 = 4   ▓ : 4 = 5
    ▓ : 8 = 7   ▓ : 4 = 6
    ▓ : 8 = 3   ▓ : 4 = 10

10 Klara verteilt 40 Bonbons gleichmäßig.
Wie viele Bonbons bekommt jedes Kind?

   a) 4 Kinder
   b) 5 Kinder
   c) 8 Kinder

11 Wie teuer sind die Farbkästen?

   a) 7 Farbkästen
   b) 5 Farbkästen
   c) 9 Farbkästen

S. 115 / 11

a) 7 · 4 € = ▓ €

11: Sachverhalt bei Bedarf mit Rechengeld (Beilage) legen

Multiplizieren mit 3

1 Wie viele Kugeln Eis sind es?

a)  b)  c)

2 · 3 4 · 3 ·

2 Rechne Aufgabe und Tauschaufgabe.

a) 3 · 2   b) 3 · 10
   3 · 8   3 · 4
   3 · 1   3 · 5

 Die Aufgaben kann ich schon lösen.

3 Schreibe die Malfolge der 3 auf. Markiere die Kernaufgaben.

4 Finde die Nachbaraufgaben.

a) 0 · 3   b) ▫ · 3   c) ▫ · 3   d) ▫ · 3
   [1 · 3]   [4 · 3]   [7 · 3]   [10 · 3]
   ▫ · 3   ▫ · 3   ▫ · 3

5 Verdopple und rechne.

a) 1 · 3   b) 2 · 3   c) 5 · 3   d) 3 · 3   e) 4 · 3
   2 · 3   ▫ · 3   ▫ · 3   ▫ · 3   ▫ · 3

6 a) ▫ · 3 = 15   b) ▫ · 3 = 12   c) ▫ · 3 = 27   d) ▫ · 3 = 24
      ▫ · 3 = 0   ▫ · 3 = 21   ▫ · 3 = 9   ▫ · 3 = 18

7 Wie viele Bälle sind in den Netzen?

a) 3 Netze
b) 8 Netze
c) 6 Netze

8 Wie viele Flügel haben die Windräder?

a) 4 Windräder
b) 7 Windräder
c) 9 Windräder

Dividieren durch 3

1 Wie viele Windräder können gebaut werden?

a)

9 : 3 =
· 3 = 9

b)

15 : 3 =
· 3 = 15

2 Löse mit der Umkehraufgabe.

a) 3 : 3   b) 15 : 3   c) 12 : 3   d) 6 : 3   e) 9 : 3
   18 : 3   24 : 3   30 : 3   21 : 3   27 : 3

3 Finde die Nachbaraufgaben.

a) 3 : 3   b) : 3   c) : 3   d) : 3
   6 : 3   15 : 3   27 : 3   21 : 3
    : 3   : 3   : 3   : 3

4 Bilde Aufgabenfamilien.

a) ● 3 21   b) 24 8 ●   c) 9 ● 27

d) 3 15 ●   e) 3 ● 0   f) ● 18 6

5 Welche Zahlen kannst du durch 3 teilen? Finde das Lösungswort.

10	12	14	21	22	18	26	27	24	28	15	9
M	P	U	E	S	L	T	I	K	S	A	N

6

Leo: „Wenn ich meine Zahl durch 3 dividiere, ist der Quotient 9."

Anna: „Wenn ich meine Zahl mit 3 multipliziere, erhalte ich 21."

Multiplizieren mit 6

1 Wie viele Beine sind es?

a)

b)

c)

　　· 6 =　　　　　　　　· 6 =　　　　　　　　· 6 =

2 Verdopple und rechne.

a) 2 · 3　　b) 5 · 3　　c) 3 · 3　　d) 6 · 3　　e) 4 · 3
　 2 · 6　　　　· 6　　　　·　　　　　·　　　　　·

3 Schreibe die Malfolge der 6 auf. Markiere die Kernaufgaben.

4 Finde die Nachbaraufgaben.

a) 6 · 6　　b) 　 · 6　　c) 　 · 6　　d) 　 · 6
　 [7 · 6]　　　[4 · 6]　　　[8 · 6]　　　[10 · 6]
　 　 · 6　　　　· 6　　　　· 6

30　78　42　24　36

5 Richtig oder falsch? Berichtige die Fehler im Heft.

a) 7 · 6 = 42　　b) 6 · 6 = 36　　c) 8 · 6 = 48
　 5 · 6 = 35　　　4 · 6 = 26　　　3 · 6 = 16
　 2 · 6 = 14　　　9 · 6 = 54　　　4 · 5 = 24

6 a) 　 · 6 = 24　　b) 　 · 6 = 42　　c) 　 · 6 = 54　　d) 　 · 6 = 48
　　　· 6 = 30　　　　· 6 = 18　　　　· 6 = 12　　　　· 6 = 36

7 Stellt euch gegenseitig Zahlenrätsel.

Ben: Ich multipliziere meine Zahl mit 6. Das Ergebnis ist 30.

Lisa: Das Ergebnis ist 42. Welche Malaufgabe passt?

Dividieren durch 6

1 Wie viele Netze werden gefüllt?

a)

12 : 6 =
☐ · 6 = 12

b)

18 : 6 =
☐ · 6 = 18

2 Löse mit der Umkehraufgabe.

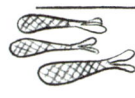

| a) 6 : 6 | b) 42 : 6 | c) 12 : 6 | d) 54 : 6 | e) 60 : 6 |
| 30 : 6 | 24 : 6 | 36 : 6 | 48 : 6 | 18 : 6 |

3 Schreibe die Divisionsaufgaben der 6 auf. Setze fort und löse.

0 : 6
6 : 6
☐ : 6
☐ : ☐

4 Finde die Nachbaraufgaben.

a) 6 : 6
   12 : 6
   ☐ : 6

b) ☐ : 6
   30 : 6
   ☐ : 6

c) ☐ : ☐
   54 : 6
   ☐ : ☐

d) ☐ : ☐
   42 : 6
   ☐ : ☐

5

12 – 22 – 18 – 27 – 32 – 30 – 21 – 15 – 6 – 24 – 9

a) Welche Zahlen kannst du durch 3 und 6 teilen?
b) Welche Zahlen kannst du durch 3, aber nicht durch 6 teilen?

6 Amir hat 18 €.
Wie viele Bücher kann er kaufen?

Jedes Buch nur 6 €.

Multiplizieren mit 9

1 a) 6 · 9 = 　　b) 7 · 9 =
　　　5 · 9 = 　　　　5 · 9 =
　　　1 · 9 = 　　　　2 · 9 =

Ich addiere die Ergebnisse der 2 Kernaufgaben.
Amir

Ich subtrahiere.

Mila

c) 9 · 9 =
　10 · 9 =
　　1 · 9 =

Ich verdopple.

d) 2 · 9 =
　 4 · 9 =

Ben

2 Rechne Aufgabe und Tauschaufgabe.

a) 9 · 1 　　b) 9 · 5 　　c) 9 · 4
　 9 · 2 　　　 9 · 3 　　　 9 · 8
　 9 · 10 　　　 9 · 6 　　　 9 · 0

3 Schreibe die Malfolge der 9 auf. Markiere die Kernaufgaben.

4 Richtig oder falsch? Berichtige die Fehler im Heft.

a) 7 · 9 = 63 　b) 9 · 6 = 56 　c) 9 · 8 = 74
　 9 · 3 = 28 　　 4 · 9 = 32 　　10 · 9 = 90
　 8 · 9 = 72 　　 0 · 9 = 9 　　 6 · 9 = 54

5 Setze das richtige Zeichen ein: <, >, =.

a) 5 · 9 ○ 35 　b) 9 · 7 ○ 62 　　　　　　c) 9 · 9 ○ 82
　 9 · 2 ○ 18 　　 9 · 1 ○ 1 　　　　　　　 9 · 0 ○ 0
　 8 · 9 ○ 38 　　 3 · 9 ○ 27 　　　　　　　 6 · 9 ○ 52

6 Finde zu jedem Ballon eine Malaufgabe mit 9.

S. 1 2 0 / 6
　· 9 = 4 5

Dividieren durch 9

1 Wie oft muss der Fahrstuhl fahren bis alle Personen oben sind?

a) Es sind 27 Personen.

27 : 9 =

☐ · 9 = 27

b) Es sind 18 Personen.

18 : 9 =

☐ · 9 = 18

2 Löse mit der Umkehraufgabe.

a) 9 : 9   b) 18 : 9   c) 45 : 9   d) 36 : 9   e) 72 : 9
   27 : 9   54 : 9   63 : 9   81 : 9   90 : 9

3 Schreibe die Divisionsaufgaben der 9 auf. Setze fort und löse.

0 : 9
9 : 9
☐ : 9
☐ : ☐

4 Bilde Aufgabenfamilien.

a) 4   36

b) 45   5

c) 7   63

5 a) ☐ : 9 = 4   b) ☐ : 9 = 5   c) 27 : ☐ = 9   d) 63 : ☐ = 9
      ☐ : 9 = 3   ☐ : 9 = 8   9 : ☐ = 9   45 : ☐ = 9

6 6 — 12 — 18 — 25 — 9 — 27 — 20 — 24 — 30

a) Welche Zahlen kannst du durch 3 und 9 teilen?
b) Welche Zahlen kannst du durch 3, aber nicht durch 9 teilen?

7 a) Der Dividend ist 63. Der Divisor ist 9. Berechne den Quotienten.
b) Der Quotient ist 9. Der Divisor ist 81. Berechne den Dividenden.

Multiplizieren mit 7

1 Rechne Aufgabe und Tauschaufgabe.

a) 1 · 7   b) 5 · 7   c) 4 · 7   d) 3 · 7   e) 9 · 7
   2 · 7   10 · 7   8 · 7   6 · 7   7 · 7

Nur 7 · 7 ist eine neue Aufgabe.

2 Schreibe die Malfolge der 7 auf. Markiere die Kernaufgaben.

3 Finde die Nachbaraufgaben.

a) 2 · 7   b) ▨ · 7   c) ▨ · 7   d) ▨ · 7
   [3 · 7]   [5 · 7]   [6 · 7]   [10 · 7]
    ▨ · 7   ▨ · 7   ▨ · 7

4 Richtig oder falsch? Berichtige im Heft.

a) 5 · 7 = 30   b) 4 · 7 = 28   c) 9 · 7 = 64
   7 · 7 = 49   3 · 7 = 21   8 · 7 = 58
   2 · 7 = 16   6 · 7 = 46   1 · 7 = 0

5 Eine Woche hat 7 Tage.
Wie viele Tage sind es?

a) 4 Wochen
b) 6 Wochen
c) 9 Wochen

6 Finde zu jedem Ballon eine Malaufgabe mit 7.

7 a) ▨ · 7 = 35   b) ▨ · 7 = 63   c) 7 · ▨ = 56   d) 7 · ▨ = 49
       ▨ · 7 = 14   ▨ · 7 = 70   7 · ▨ = 42   7 · ▨ = 63
       ▨ · 7 = 28   ▨ · 7 = 49   7 · ▨ = 0   7 · ▨ = 28
       ▨ · 7 = 7   ▨ · 7 = 21   7 · ▨ = 35   7 · ▨ = 21

8 Welche Aufgaben kannst du schon auswendig? Schreibe sie auf.

Dividieren durch 7

1 Schreibe die Divisionsaufgaben der 7 auf. Setze fort und löse.

0 : 7
7 : 7
  : 7
  :

2
a) 70 : 7
28 : 7
7 : 7
14 : 7
63 : 7

b) 42 : 7
35 : 7
56 : 7
49 : 7
21 : 7

3 Welche Zahlen kannst du nicht durch 7 teilen?

15   21   45   35   63   30   45   14   56   38   49   60   27

4
a)   : 7 = 4
    : 7 = 8

b)   : 7 = 6
    : 7 = 9

c) 70 :   = 7
14 :   = 7

d) 21 :   = 7
49 :   = 7

5 In der Klasse 2 b sind 28 Kinder. 7 Kinder bilden eine Mannschaft. Wie viele Mannschaften werden es?

6 Klara hat 56 Sticker. Wie vielen Kindern kann sie 7 Sticker schenken?

7 Eine Woche hat 7 Tage. Wie viele Wochen sind es?

a) 28 Tage
b) 63 Tage
c) 35 Tage
d) 14 Tage
e) 49 Tage
f) 42 Tage

8 Stellt euch gegenseitig Malaufgaben und Geteiltaufgaben mit 7.

Multiplizieren und Dividieren

1
a) 6 · 3	b) 9 · 3	c) 90 : 9	d) 36 : 6
7 · 6	3 · 7	49 : 7	45 : 9
5 · 9	9 · 9	27 : 3	27 : 9
4 · 7	0 · 6	24 : 6	54 : 6
8 · 6	8 · 3	56 : 7	81 : 9

0 3 4 5 6 7 8
9 9 9 10 18
21 24 27 28
42 45 48 81

2 a) b) c)

2 3 3 4 4 5 6 6 7 8 9 9 18 24 30 42 48 54

3
a) 8 · ▢ = 48	b) ▢ · 3 = 21	c) ▢ : 3 = 9	d) 42 : ▢ = 6
5 · ▢ = 35	▢ · 6 = 42	▢ : 6 = 3	21 : ▢ = 3
7 · ▢ = 63	▢ · 7 = 49	▢ : 7 = 9	36 : ▢ = 6
4 · ▢ = 36	▢ · 9 = 72	▢ : 9 = 5	72 : ▢ = 8

4 a)

·	3	9	7	
4				16
6			36	

b)

·	3	6	9	
7				56
9			63	

5 Setze das richtige Zeichen ein: <, >, =.

a) 5 · 3 ◯ 17	b) 45 : 9 ◯ 9	c) 9 · 3 ◯ 28	d) 18 : 3 ◯ 5
3 · 7 ◯ 24	35 : 7 ◯ 4	48 : 6 ◯ 9	5 · 9 ◯ 42
4 · 9 ◯ 36	72 : 9 ◯ 8	7 · 7 ◯ 52	24 : 6 ◯ 4

6 Frau Awad hat 30 €.
Wie viele Wurfringe kann sie dafür kaufen?

7 Richtig oder falsch? Berichtige die Fehler im Heft.

a) 7 · 3 = 28
3 · 9 = 27
6 · 7 = 42
4 · 6 = 16

b) 7 · 8 = 56
8 · 0 = 8
4 · 9 = 36
8 · 8 = 68

c) 35 : 7 = 5
81 : 9 = 8
21 : 3 = 4
72 : 8 = 9

d) 32 : 4 = 6
7 : 1 = 0
24 : 6 = 6
25 : 5 = 5

8 Löse die Aufgaben. Finde das Lösungswort.

2	3	4	5	6	7	8	9
I	E	M	G	A	S	L	U

a) · 4 = 16
 · 5 = 30
 · 2 = 18
 · 7 = 49

b) 7 · = 14
3 · = 15
9 · = 27
7 · = 56

c) 27 : = 9
72 : = 8
64 : = 8
15 : = 5

d) 40 : = 5
24 : = 4
32 : = 8
18 : = 3

9 Für den Sportunterricht werden 6 große Softbälle und 9 kleine Softbälle gekauft.

a) Was kosten die großen Softbälle?
b) Was kosten die kleinen Softbälle?
c) Was kosten alle Softbälle zusammen?

10 Löse alle Aufgaben im Kopf.

a) 4 →·6 →:8 →·10 →:5
b) 6 →·2 →:4 →·7 →:3
c) 8 →·5 →:10 →·4 →:8
d) 6 →·6 →:4 →·6 →:9

Schreibe nur das letzte Ergebnis auf.

11 Stellt euch gegenseitig Zahlenrätsel.

Die beiden Faktoren sind 3 und 7. — Amir

Der Quotient ist 45. — Lisa

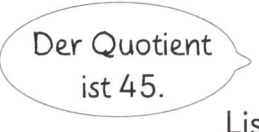

BIST DU FIT?

1 Wie spät ist es?
Gib immer die Vormittagszeit und die Nachmittagszeit an.

a)   b)   c)   d)   e)

2 Ergänze zur nächsten vollen Stunde.

a) 6:45 Uhr + ☐ min → 7:00 Uhr   b) 15:30 Uhr + ☐ min → 16:00 Uhr

c) 8:15 Uhr + ☐ min → 9:00 Uhr   d) 14:35 Uhr + ☐ min → 15:00 Uhr

e) 12:20 Uhr + ☐ min → ☐ Uhr   f) 3:10 Uhr + ☐ min → ☐ Uhr

3
a) 4 · 5   b) 6 · 8   c) 5 · ☐ = 35   d) ☐ · 8 = 56
    3 · 7   7 · 4   9 · ☐ = 45   ☐ · 9 = 36
    9 · 1   9 · 3   6 · ☐ = 42   ☐ · 1 = 8
    8 · 6   7 · 7   3 · ☐ = 24   ☐ · 7 = 63

4
a) 36 : 6   b) 50 : 5   c) 21 : ☐ = 3   d) ☐ : 8 = 8
    28 : 7   27 : 3   45 : ☐ = 5   ☐ : 6 = 9
    56 : 8   32 : 4   32 : ☐ = 4   ☐ : 7 = 8
    45 : 5   48 : 6   56 : ☐ = 8   ☐ : 9 = 6

5
a) Der 1. Faktor ist 4, der 2. Faktor ist 7. Berechne das Produkt.
b) Berechne das Produkt aus 6 und 8.
c) Der Dividend ist 42. Der Divisor ist 7. Berechne den Quotienten.
d) Berechne den Quotienten aus den Zahlen 45 und 5.

FREUNDESEITE

1 · 1 – schnell gemerkt

1 Wer bekommt die meisten Plättchen?

2 Wer hat die meisten Karten?
Legt Karten mit Malaufgaben verdeckt auf einen Stapel.

3 a) Spielt Bingo mit der Malfolge der 6.
Legt 11 Karten mit den Ergebnissen der Malfolge der 6 auf einen Stapel.
Jeder trägt Malaufgaben der 6 in sein Bingofeld ein.

b) Spielt Bingo mit einer anderen Malfolge.

Der Kalender

1 Das ist Milas Wochenplan.

a) Wie viele Tage hat eine Woche?
b) Wann muss Mila zum Zahnarzt?
c) Wann hat Milas Oma Geburtstag?
d) Was macht Mila am Sonntag?
e) Wem hilft sie am Freitag?
f) Stelle weitere Fragen zu Milas Wochenplan.

Montag	Reiten
Dienstag	Zahnarzt
Mittwoch	Oma Geburtstag
Donnerstag	Flötenunterricht
Freitag	Mama helfen
Samstag	Kino
Sonntag	Spielen mit Max

2 Was hast du in dieser Woche vor?

3 Ordne die Wochentage richtig zu.

4 Stellt euch gegenseitig Fragen zu: heute, gestern, vorgestern, morgen und übermorgen.

5 Familie Elsner fährt 21 Tage in den Urlaub. Wie viele Wochen sind das?

6 Die Sommerferien dauern 6 Wochen. Wie viele Tage haben alle Kinder schulfrei?

7 Sprecht über den Jahresablauf.

8
a) Wie viele Monate hat ein Jahr?
b) Welcher Monat ist der 4., der 6., der 9. im Jahr?
c) Welcher Monat kommt vor April? Wie viele Tage hat er?
d) Welcher Monat folgt dem Juli? Wie viele Tage hat er?
e) Welche Monate liegen zwischen September und Dezember?
f) Stellt weitere Fragen zu den Monaten.

9
a) An welchen Tagen haben die Mathefreunde Geburtstag?

b) Schreibe das Geburtsdatum kürzer.

S. 129 / 9b)

Mila: 1. März = 1. 3.

10 Welcher Wochentag ist es? Schau im Kalender nach.

a) 11. Juni
b) 2. 11.
c) Heiligabend
d) Sommeranfang
e) Ostersonntag
f) dein Geburtstag

Wahrscheinlichkeit

1 Möglich, unmöglich oder sicher? Ordne zu.

| Ein Hund steht auf der Sonne.  | Das ist sicher, denn es passiert auf jeden Fall. |

| Morgen habe ich kein Mathe. | Das ist möglich, denn es kann passieren, muss aber nicht. |

| Nach Februar kommt März.  | Das ist unmöglich, denn es passiert nie. |

2 Sicher, möglich oder unmöglich? Begründe.

a) Im Januar fällt Schnee.
b) Ein Würfel hat 6 Flächen.
c) Nach der Nacht kommt der Tag.
d) In der Mathestunde rechne ich Aufgaben.
e) Mein Opa wohnt auf der Sonne.
f) Ich laufe schneller als meine Mutter.
g) Meine Lehrerin fährt mit dem Fahrrad zur Schule.
h) Bei Mensch ärgere dich nicht würfle ich 3 mal nacheinander eine 6.
i) Ostern gehe ich im Pool baden.
j) Wenn ich einen Stift fallen lasse, fliegt er in die Luft.
k) Wenn ich 2 gerade Zahlen addiere, ist die Summe eine gerade Zahl.

Das ist möglich, weil…

3 Finde selbst Beispiele, die sicher, möglich oder unmöglich sind.

4 Amir dreht am Glücksrad. Welche Ergebnisse sind möglich, unmöglich und sicher? Begründe.

a) Amir dreht auf ein blaues Feld.
b) Amir dreht auf ein grünes Feld.
c) Amir dreht auf ein blaues oder gelbes Feld.

5 Richtig oder falsch? Begründe.

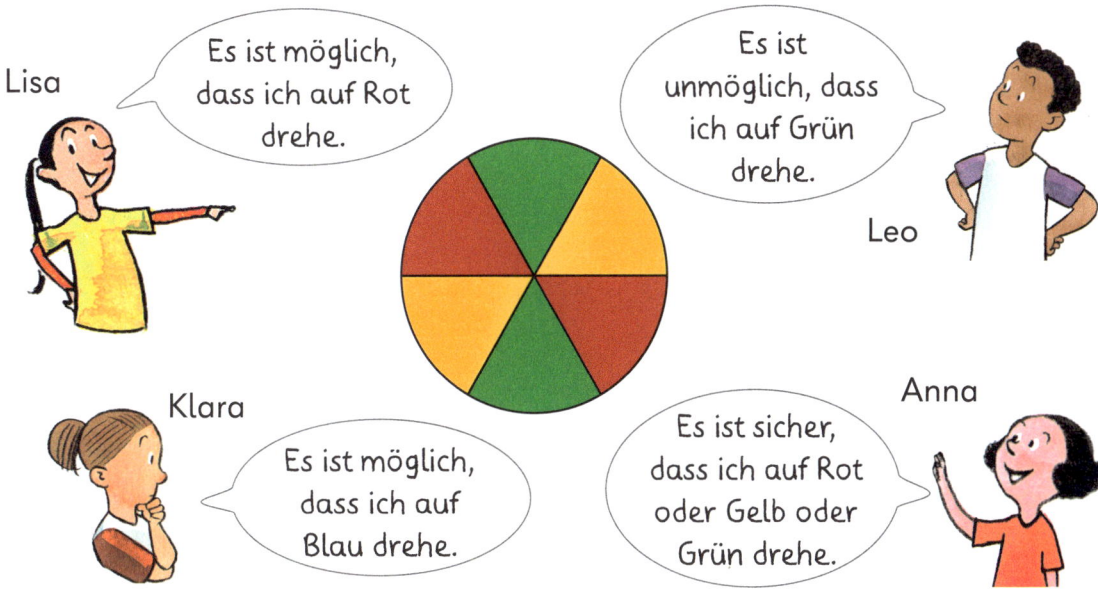

Lisa: Es ist möglich, dass ich auf Rot drehe.

Leo: Es ist unmöglich, dass ich auf Grün drehe.

Klara: Es ist möglich, dass ich auf Blau drehe.

Anna: Es ist sicher, dass ich auf Rot oder Gelb oder Grün drehe.

6 Zu welchem Glücksrad passt die Aussage?

A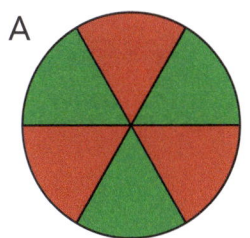

B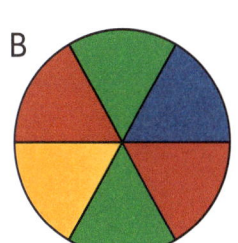

a) Es ist möglich, dass Gelb gewinnt.
b) Es ist möglich, dass Grün gewinnt.
c) Es ist sicher, dass Rot oder Grün gewinnt.
d) Es ist unmöglich, dass Blau gewinnt.
e) Es ist unmöglich, dass Lila gewinnt.

7 Grün gewinnt: Welches Glücksrad aus **6** würdest du wählen? Begründe.

Einschätzen von Wahrscheinlichkeiten an verschiedenen Glücksrädern, dazu die Anzahl der gleichfarbigen Flächen ermitteln; die Anordnung der Flächen ist irrelevant.
KV 15 (HRU) nutzen

Sammeln und Lesen von Daten

1 Die Schule im Park möchte ein neues Spielgerät für den Spielplatz kaufen. Die Kinder der Schule haben abgestimmt. Lies die Tabelle und ergänze die Sätze.

Klasse	Tischtennis-platte	Reck	Kletterspinne	Fußballtor
1	8	6	9	3
2	15	1	3	4
3	4	13	2	5
4	3	9	1	12

a) Das Reck wählten ___ Kinder der 1. Klasse.
b) Die Kletterspinne wählten ___ Kinder der 2. Klasse.
c) Insgesamt wählten ___ Kinder die Tischtennisplatte.
d) Die Kletterspinne wählten ___ Kinder der 3. Klasse.
e) Die meisten Kinder wählten _____.

2 In den Klassen 1 und 2 haben die Jungen und Mädchen unterschiedlich gewählt. Welche Aussagen gehören zu welcher Tabelle?

Klasse 1	T	R	K	F
Jungen	3	1	7	2
Mädchen	5	5	2	1

Klasse 2	T	R	K	F
Jungen	7	0	1	1
Mädchen	8	1	2	3

a) Die meisten Jungen der Klasse wählen die Tischtennisplatte.
b) Es wählten mehr Mädchen als Jungen das Fußballtor.
c) Kein Junge wählt das Reck.
d) Es wählten mehr Jungen als Mädchen die Kletterspinne.
e) In der Klasse wählten 5 Jungen mehr als Mädchen dieses Spielgerät.

3 Der Eisverkäufer war am Montag an der Schule.
a) Wie viele Kugeln Erdbeereis hat er verkauft?
b) Welche Eissorte wurde am meisten verkauft?
c) Welche Eissorte wurde am wenigsten verkauft?
d) Wie viele Kugeln Eis hat er insgesamt verkauft?

An der roten Achse kann ich die Anzahl ablesen.

4 Am Dienstag und Mittwoch wurde auch Eis verkauft. Ben hat ein Diagramm gezeichnet. Für welchen Tag hat er das Diagramm gezeichnet? Begründe.

Dienstag

Eissorte	Vanille	Erdbeere	Mango	Kirsche
Anzahl	7	11	2	5

Mittwoch

Eissorte	Vanille	Erdbeere	Mango	Kirsche
Anzahl	5	13	9	8

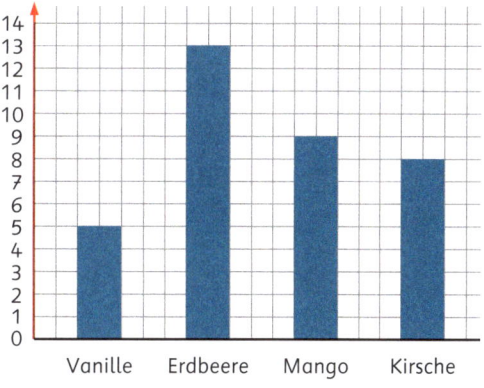

5 Wie viel Geld hat der Eisverkäufer am Montag, Dienstag und Mittwoch jeweils bekommen?

Preise:
Vanilleeis 1 Euro
Fruchteis 2 Euro

BIST DU FIT?

1 Ergänze die Sätze.

a) Morgen ist _____.
b) Übermorgen ist _____.
c) Gestern war _____.
d) Vorgestern war _____.

2 Welche Monate sind gesucht?

Lisa: Mein Monat ist der 7. im Jahr.
Mein Monat kommt nach dem März.

 Ben

Amir: Mein Monat kommt vor dem Dezember.
Mein Monat ist der 9. im Jahr.

Anna

3 Ergänze die Sätze.

Es ist _____, dass es Ostern schneit.
Es ist _____, dass Menschen auf der Sonne wohnen.
Es ist _____, dass der Monat Januar 31 Tage hat.

sicher — unmöglich — möglich

4 Die Kinder der Klasse 2d haben Fahrzeuge vor ihrer Schule gezählt. Sie haben dazu ein Diagramm gezeichnet. Richtig oder falsch?

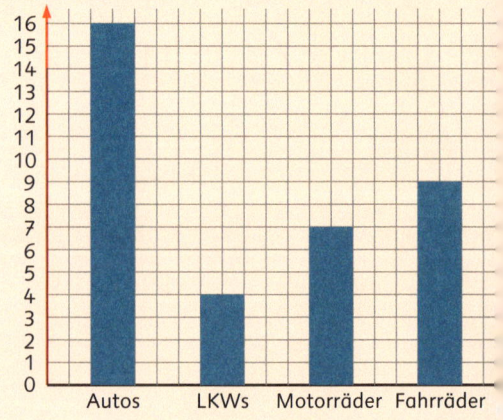

a) Es wurden 5 LKWs gezählt.
b) Es wurden 9 Fahrräder gezählt.
c) Es wurden mehr Motorräder als Fahrräder gezählt.
d) Er wurden insgesamt 38 Fahrzeuge gezählt.
e) Es wurden insgesamt 20 Fahrzeuge mit 4 Rädern gezählt.

FREUNDESEITE

Was ist wahrscheinlicher?

Wer ist als Erster im Ziel?

Spiele mit 2 bis 4 Spielern. Wähle eine Regel und gehe immer ein Kästchen vorwärts.

- gerade Zahlen
- ungerade Zahlen
- ⚄
- ⚃ ⚄
- ⚀ ⚁ ⚄ ⚅

Spiel sollte mehrfach mit unterschiedlichen Regeln gespielt werden

PROJEKTSEITEN

Magische Quadrate, Treppen und Zauberdreiecke

1 Ordne die Begriffe zu.

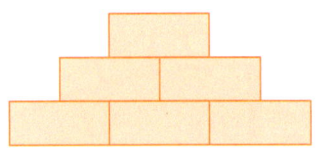

Deckstein
Mittelsteine
Grundsteine

2 Wie verändert sich die Zahl im Deckstein, wenn der orange Grundstein um 1 größer wird?

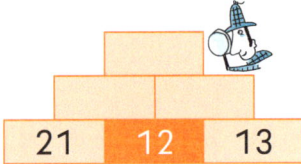   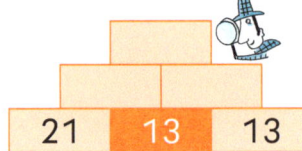   

3 Wie verändert sich die Zahl im Deckstein, wenn der orange Grundstein um 2 oder 5 größer wird. Begründe.

a)

      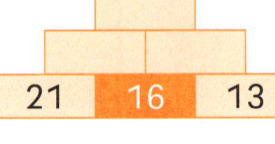

b)

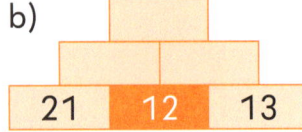   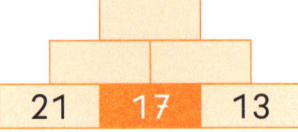   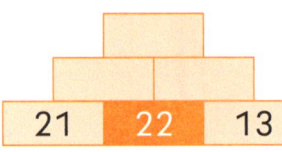

4 Setze die Grundsteine ein, vertausche sie.
a) Was passiert mit dem Deckstein?
b) Wann ist das Ergebnis im Deckstein am größten?

1: Erarbeitung und Zuordnung der Begriffe
2: Summe der Decksteine mit Grundsteinen vergleichen
4: unterschiedliche Anordnung der Grundsteine und Summe im Deckstein untersuchen

5 Finde die Zauberzahl.

Das ist ein magisches Quadrat.

Die Summe in jeder Zeile, Spalte und Diagonale ist immer gleich.

7 + 8 + 3 =   7 + 2 + 9 =   7 + 6 + 5 =   Zauberzahl:

6 Wähle Zahlen von 1 bis 10 aus. Setze ein.

a)
4	6	8
		7

b)
6		2
		9
		4

c)
2		
	5	1
		8

Keine Zahl darf doppelt sein.

7 Wähle Zahlen von 1 bis 10 aus. Setze ein.

a)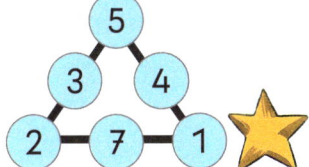

b)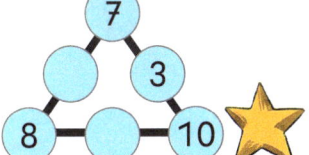

c)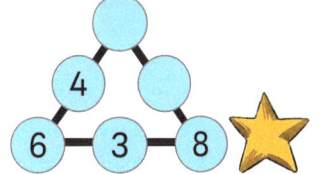

8 Verdopple die Zahlen in jedem Kreis. Was stellst du fest?

9 Erfinde selbst Zauberdreiecke.

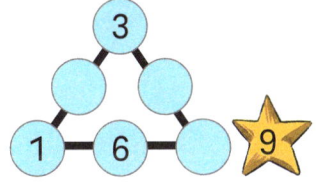

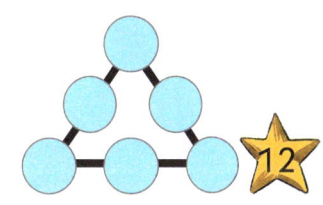

PROJEKTSEITEN

Mathematik und Kunst

Dieses Bild gestaltete der russische Maler Wassily Kandinsky.

Es heißt „Quadrate mit konzentrischen Ringen".

Wassily Kandinsky hat sich sehr viel mit Formen, Farben und deren Wirkung beschäftigt.

1 Betrachte das Bild. Was fällt dir auf?

- Kein Ring sieht gleich aus.
- Der Maler malte abwechselnd helle und dunkle Ringe.
- Die Ringe leuchten.
- Die Ringe …
- Der Hintergrund …
- Die Farben …
- Wie viele Quadrate …

2 Welches Quadrat ist es?

Ben: Bei meinem Quadrat ist der Hintergrund zweifarbig.

Mila: Mein Quadrat hat einen schwarzen Ring.

3 Stellt euch gegenseitig solche Rätsel.

Informationen zu Wassily Kandinsky finden
1: Bild betrachten und besprechen, dabei Wortspeicher nutzen
2 und 3: Rätsel lösen und eigene Rätsel zum Bild formulieren

4 Male wie Wassily Kandinsky.
Klebt eure Bilder zu einem großen Bild zusammen.

5 a) Wie sehen Bilder aus, wenn du sie mit einem Zirkel oder eine Schablone zeichnest?
b) Du kannst auch mit anderen Formen malen.
Wie sieht so ein Bild mit Quadraten oder Dreiecken aus?

4 und 5: Eigenes Bild nach Anregungen auch mit digitalen Geräten gestalten, auch verschiedene Formen ausprobieren, Unterschiede in der Wirkung besprechen

PROJEKTSEITEN

Mathematik zum Knobeln

1 Lege mit 8 Stäbchen ein Quadrat.  Leo

Lege mit 5 Stäbchen 2 Dreiecke.  Ben

Lege mit 7 Stäbchen 2 Quadrate.  Klara

2 a) Nimm 2 Stäbchen weg. Es entstehen 3 Quadrate.

b) Nimm 2 Stäbchen weg. Es entstehen 4 Quadrate.

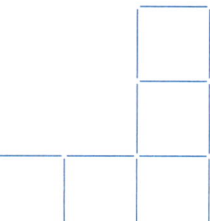

c) Nimm 2 Stäbchen weg. Es entstehen 2 Dreiecke.

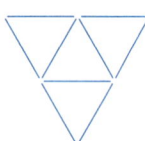

3 a) Lege 2 Stäbchen um. Es entstehen 2 Häuser.

b) Lege 3 Stäbchen um. Es entstehen 3 Quadrate.

c) Lege 2 Stäbchen um. Es entstehen 3 Dreiecke.

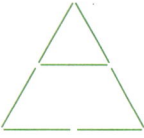

4 Addiere alle Zahlen, die du siehst. Welche Summe ergeben sie?

5 Bilde aus 7 Vieren eine Aufgabe mit dem Ergebnis 100.

6 In der dritten Reihe fehlt ein Bild. Welches ist es?

a)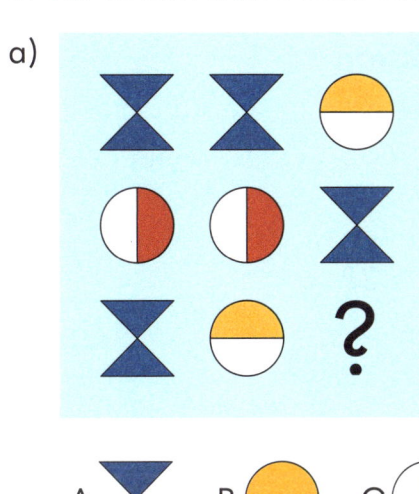

A  B  C

b)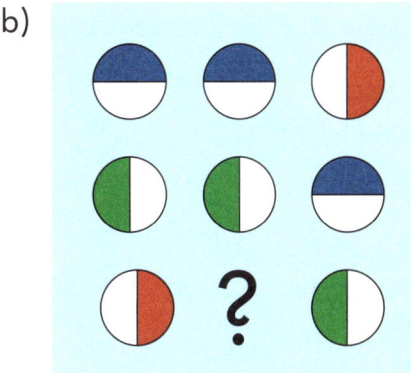

A  B  C

7 Amir hat ein Tier aus Steckwürfeln gebaut. Wie viele Würfel hat er gebraucht?

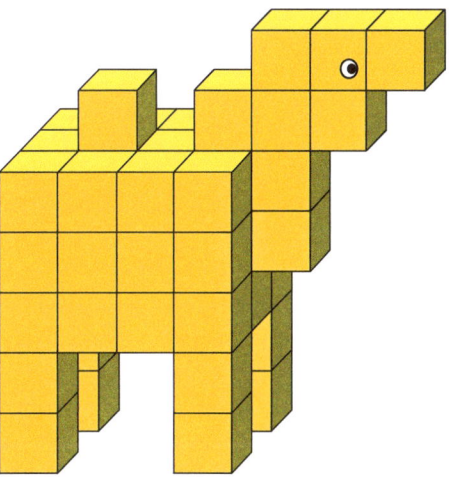

5: Aufgabe durch Probieren lösen
7: Lösung durch Zählen oder Nachbauen finden

MERKWISSEN

Die Zahlen bis 100

Z	E
4	5

40 + 5 = 45

Schreibe: 45
Sprich: fünfundvierzig

Addieren

Summand   Summand   Summe
  31   +   25   =   56
       Summe

Subtrahieren

Minuend   Subtrahend   Differenz
  56   −   25   =   31
       Differenz

Rechenwege der Addition und Subtraktion

Die kleine Aufgabe hilft.

42 + 3 = 45
weil 2 + 3 = 5

58 − 2 = 56
weil 8 − 2 = 6

Immer zum nächsten Zehner. Ich zerlege die 2. Zahl.

28 + 5 = 33
28 + 2 = 30
30 + 3 = 33

42 − 6 = 36
42 − 2 = 40
40 − 4 = 36

Ich zerlege die 2. Zahl. Dann rechne ich zuerst die Zehner und danach die Einer.

37 + 25 = 62
37 + 20 = 57
57 + 5 = 62

43 − 25 = 18
43 − 20 = 23
23 − 5 = 18

Multiplizieren

Faktor   Faktor   Produkt
  3   ·   4   =   12
    Produkt

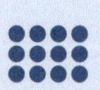

Dividieren

Dividend   Divisor   Quotient
  12   :   4   =   3
    Quotient

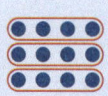

Tauschaufgaben

4 · 3 = 12
3 · 4 = 12

Die Faktoren kannst du vertauschen.
Das Produkt bleibt gleich.

Umkehraufgaben

4 · 3 = 12
12 : 3 = 4

Kernaufgaben

1 ·
2 ·
5 ·
10 ·

Du kannst Kernaufgaben zum Lösen schwieriger Aufgaben nutzen.

3 · 6 = 18
2 · 6 = 12
1 · 6 = 6

Gerade und ungerade Zahlen

Alle geraden Zahlen haben im Einer eine 0 2 4 6 oder 8.
Alle ungeraden Zahlen haben im Einer eine 1 3 5 7 oder 9.

Längen

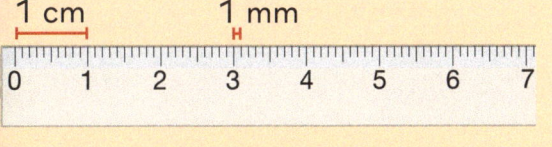

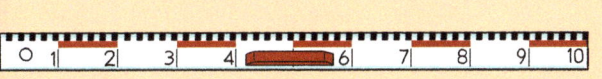

Ein Zentimeter sind 10 Millimeter.
1 cm = 10 mm

Ein Meter sind 100 Zentimeter.
1 m = 100 cm

Zeit

Ein Tag hat 24 Stunden.
Er beginnt um 0 Uhr und endet um 24 Uhr.

Eine Stunde hat 60 Minuten.
1 h = 60 min

MERKWISSEN

Körper

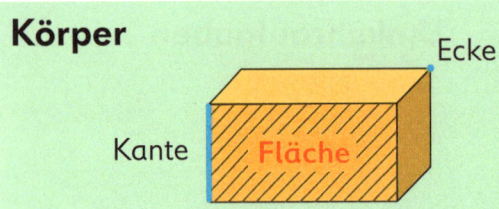
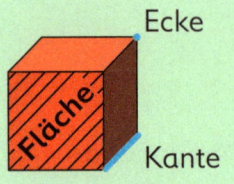

Kante – Fläche – Ecke – Fläche – Kante – Ecke – Fläche

Ein **Rechteck** ist ein Viereck mit **4 rechten Winkeln**. Die gegenüber liegenden Seiten sind **parallel zueinander** und **gleich lang**.

Ein **Quadrat** ist ein Viereck mit **4 rechten Winkeln**. Die gegenüber liegenden Seiten **sind parallel zueinander**. Alle Seiten sind **gleich lang**.

Geraden, Punkte und Strecken

×P   Punkt P

———— g   Gerade g

A———B   Strecke $\overline{AB}$

————G———— g   Punkt G auf Geraden g

Parallel zueinander

Die Geraden g und h sind **parallel zueinander**.

Schreibe: g ∥ h
Sprich: g ist parallel zu h

Senkrecht zueinander

Die Gerade g und die Gerade h sind **senkrecht zueinander**. Sie bilden 4 rechte Winkel.

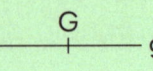

Schreibe: g ⊥ h
Sprich: g ist senkrecht zu h
Schreibe: ∟
Sprich: rechter Winkel

Achsensymmetrie

Eine Figur ist **symmetrisch**, wenn beide Hälften deckungsgleich sind. Sie spiegeln sich an der Spiegelachse. (Symmetrieachse)

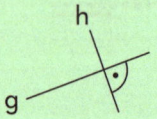

Symmetrieachse